Поддержка экологически чистого городского общественного транспорта в Казахстане, Кыргызстане и Молдове

СВОДНЫЙ ОТЧЕТ О РЕАЛИЗАЦИИ ПРОЕКТА ЗА ПЕРИОД С 2016 ПО 2019 ГОД

Данная работа публикуется под ответственность Генерального Секретаря ОЭСР. Изложенные в ней мнения и приводимая аргументация могут не отражать официальных взглядов правительств стран – членов ОЭСР.

Настоящий документ и любые содержащиеся в нем данные и карты не затрагивают статуса территорий и их суверенитета, делимитацию государственных границ и пограничных линий, а также названия территорий, городов и областей.

Статистические данные по Израилю предоставлены компетентными органами Израиля под их ответственность. Использование этих данных ОЭСР не является отражением предвзятого отношения к статусу Голанских высот, Восточного Иерусалима и израильских поселений на Западном берегу согласно нормам международного права.

При цитировании просьба ссылаться на настоящую публикацию:
OECD (2021), *Поддержка экологически чистого городского общественного транспорта в Казахстане, Кыргызстане и Молдове: Сводный отчет о реализации проекта за период с 2016 по 2019 год*, OECD Publishing, Paris, *https://doi.org/10.1787/411cc0b0-ru*.

ISBN 978-92-64-47744-5 (печатное издание)
ISBN 978-92-64-40896-8 (pdf)

Сведения об авторах фото: см. обложку © mika48/Shutterstock.com.

Опечатки, которые имеются в опубликованных материалах, можно найти, пройдя по ссылке *www.oecd.org/about/publishing/corrigenda.htm*.

Предисловие

В настоящем отчете представлены цели, методология, процедуры и основные выводы по итогам реализации проекта «Укрепление потенциала государственных финансов стран Восточной Европы, Кавказа и Центральной Азии (ВЕКЦА) в сфере «зеленых» инвестиций». Данный проект, финансируемый Организацией экономического сотрудничества и развития (ОЭСР), был осуществлен в рамках совместной деятельности под руководством Специальной рабочей группы по реализации Программы действий в области «зеленой» экономики, в интересах которой ОЭСР выполняет функции секретариата.

Проект осуществлялся в период с 2016 по 2019 год для оказания содействия странам-партнерам в достижении их экологических и климатических целей. Наряду с переходом стран ВЕКЦА на более «зеленый» путь развития, в частности, путем снижения энергоемкости и углеродоемкости их экономик, техническая помощь в рамках проекта также должна была поспособствовать социально-экономическому прогрессу. Проект предусматривал анализ ситуации в трех странах ВЕКЦА, а именно: в Казахстане (проект осуществлялся в 2016 году), Республике Молдова (далее «Молдова») в 2016-2018 гг. и Кыргызстане в 2018 году.

Основными партнерами ОЭСР в рамках соответствующих страновых проектов были следующие министерства: Министерство энергетики Казахстана, Министерство сельского хозяйства, регионального развития и окружающей среды (ранее - Министерство окружающей среды) Республики Молдова и Министерство экономики Кыргызстана. Данным министерствам была оказана помощь в разработке и определении стоимости реализации программ «зеленых» государственных инвестиций на страновом уровне в полном соответствии с передовой международной практикой. Партнеры по проекту совместными усилиями проанализировали то, как (недостаточные) государственные средства могут быть использованы на благо граждан и окружающей среды.

Министерства-партнеры участвовали в обсуждении и принимали окончательное решение по поводу основной направленности соответствующих инвестиционных программ. Во всех трех странах инвестиционные программы были нацелены на снижение уровня загрязнения воздуха и сокращение выбросов парниковых газов (ПГ) в транспортном секторе. Каждой из трех стран пришлось сократить масштабы программ ввиду ограниченности ресурсов и времени на их подготовку и реализацию. В конечном итоге инвестиционные программы, получившие название «Программа поддержки экологически чистого общественного транспорта» (ЭЧОТ), были нацелены на снижение негативного воздействия на окружающую среду при эксплуатации общественного транспорта в крупных городах. Разработанные программы позволяют оценить общие затраты на их реализацию и, что особенно важно, помогают в поиске источников финансирования как национальных, так и международных.

В соответствующих страновых отчетах, опубликованных в 2017 (Казахстан) и 2019 годах (Молдова и Кыргызстан), изложены результаты предварительных исследований по вопросу увеличения инвестиционного спроса в секторе общественного транспорта. В каждом из трех страновых аналитических исследований представлены обобщенные результаты предлагаемого поэтапного подхода к реализации Программы ЭЧОТ. Данный подход предусматривает выполнение Программы в два этапа, а в случае с Казахстаном и Молдовой также предлагаются два сценария реализации второго этапа (расширение масштабов Программы). Кроме того, в рамках данного подхода определены два города-участника первого (пилотного) этапа.

Предварительные исследования по Программам ЭЧОТ включали в себя четыре основных направления деятельности и соответствующие результаты: 1) начальный этап определения масштабов и анализ данных; 2) методология оценки стоимости программы; 3) разработка программы в соответствии с передовой международной практикой; 4) аналитический отчет и проведение тренингов. Направления деятельности 2) и 3) составляли основу каждого из трех страновых проектов. Их целью была практическая демонстрация того, как следует использовать ограниченные государственные средства для стимулирования частных инвестиций в экологически чистые и социально значимые проекты.

Соответствующие страновые отчеты состоят из нескольких элементов. Во-первых, был проведен тщательный анализ природоохранного законодательства с учетом стандартов страны-партнера и Европейского союза. В частности, были проанализированы технические нормативы, касающиеся общественного транспорта. Во-вторых, в отчетах представлены исчерпывающие первичные и вторичные данные об окружающей среде, транспортном секторе и сфере общественных услуг. В рамках критического анализа учитывались национальные обязательства каждой из стран в области зеленого роста и охраны климата, а также их бюджетные потребности. Отчеты также основываются на результатах целого ряда визитов проектной команды в партнерскую страну. Проектная команда обсудила различные элементы инвестиционной программы с экспертами из правительственных учреждений и местных государственных администраций в пилотных городах. Проектная команда также провела консультации с представителями различных международных и национальных неправительственных организаций, действующих на территории страны-партнера.

Хотя данный сводный отчет и не является исчерпывающим, в нем освещаются проблемы, характерные для всех трех страновых программ. Все три исследования преследуют схожие цели и используют одинаковые подходы. Это относится как к разработке программы, так и к предложенной схеме ее реализации. Однако данный отчет не включает в себя полноценный сравнительный анализ целевых секторов, а также связанных с ними возможностей и проблем, соответствующих стран-партнеров. Отчасти это связано с ограничением отчета по объему, но в большей степени с тем, что каждый из трех проектов конкретизировался и уточнялся с учетом потребностей страны-партнера. Тем не менее, в настоящем отчете изложены основные общие особенности анализа проблем, разработки рекомендаций и т.д.

Программы ЭЧОТ создавались на основе уже имеющихся наработок ОЭСР в области управления государственными природоохранными расходами, интеграции экологических программ в среднесрочные бюджетные процессы и экономику изменения климата. Они основывались также на предшествующей деятельности ОЭСР в области экономики изменения климата. В частности, в данном проекте используется методология расчета стоимости программы (так называемая модель OPTIC), разработанная ОЭСР при поддержке Германии и уже протестированная в Казахстане. Методология ориентирована на инвестиционные программы в области охраны климата.

Проект был осуществлен в рамках Специальной рабочей группы по реализации Программы действий в области «зеленой» экономики. Работа по проекту в Казахстане была профинансирована правительством Республики Казахстан. В то же время проектные работы в Молдове и Кыргызстане осуществлялись при поддержке Федерального министерства окружающей среды, охраны природы и ядерной безопасности Германии (BMU) в рамках Международной климатической инициативы (МКИ) 2014 года.

Благодарность

В Казахстане проект осуществлялся под руководством Нелли Петковой, в Кыргызстане и Молдове – под руководством Дэвида Шимека (оба – представители ОЭСР). Однако проектная работа была бы невыполнимой без существенного вклада со стороны двух консультантов. Рафал Станек помог подготовить модель и методологию расчета стоимости проекта, а Дэвид Тофт координировал работу по анализу рынка (оба – представители Kommunalkredit Public Consulting / SST Consult).

Бахыт Баянова (Центр развития торговой политики при Министерстве национальной экономики Казахстана), Михай Роскован (BCI Consulting, Молдова), а также Дастан Асылбеков и Нургуль Акимова (Кыргызстан) оказали значительную помощь в сборе данных и координации внутристрановых проектов. Мы очень признательны им за их приверженность данной работе.

Окончательная версия данного исследования была доработана благодаря чуткому руководству и конструктивным замечаниям со стороны Кшиштофа Михалака (ОЭСР). Мы также благодарны Куми Китамори (ОЭСР) за оказанную поддержку.

Выражаем особую благодарность нашим коллегам из Министерство энергетики Казахстана, Министерства окружающей среды (и его правопреемника – Министерства сельского хозяйства, регионального развития и окружающей среды) Молдовы и Министерству экономики Кыргызстана за оказанное содействие в реализации проекта.

Авторы очень признательны Биляне Спасоевич, Мартину Гауссу и Маргарете МакКонелл, работающие в компании Kommunalkredit Public Consulting. Их опыт и знания нашли свое применение в настоящем отчете и содержательных презентациях, проведенных в ходе ряда страновых визитов.

Авторы хотели бы поблагодарить Вики Эллиот и Петера Вогельпогеля за их помощь в редактировании и верстке текста тематического исследования по Казахстану, а также Фиону Хинчклифф – за аналогичную помощь при подготовке тематических исследований по Молдове и Кыргызстану. Отдельная благодарность Марку Фоссу за полезные редакционные замечания к данному сводному отчету. Авторы также благодарят Марка Фосса за редактирование и Эндрю Эссона за верстку текста брошюр (ключевых аспектов), посвященных страновым проектам.

Наталья Чумаченко и Лилия Кухарская перевели отчет по Казахстану на русский язык. Олег Сурдулеак перевел отчет по Кыргызстану на русский язык, а Марина Скутари перевела отчет по Молдове на румынский язык.

Джанин Трэвес (ОЭСР) предоставила ценные рекомендации касательно оформления публикации. Лупита Йохансон, Петер Карлсон и Мария Дюбуа руководили редакционными процессами, коммуникациями, информационным продвижением проектов, а также распределением работ. Ирина Белькайя, Александра Богуш и Инмакулада Валенсия оказывали безупречную административную поддержку в ходе выполнения проектов.

Все вклады в проект были приняты с благодарностью. Проект был бы невыполнимым без институциональной и личной поддержки со стороны всех вышеупомянутых людей.

Содержание

РИСУНКИ

ТАБЛИЦЫ

Аббревиатуры и сокращения

АБР	Азиатский банк развития
АКАБ	Ассоциация казахстанского автобизнеса
АО	Акционерное общество
АПЗИ	Агентство по продвижению и защите инвестиций Республики Кыргызстан
ВБ	Всемирный банк
ВВП	Валовой внутренний продукт
ВЕКЦА	Восточная Европа, Кавказ и Центральная Азия
ВОЗ	Всемирная организация здравоохранения
ГАООСЛХ	Государственное агентство охраны окружающей среды и лесного хозяйства (Кыргызстан)
ГЭФ	Глобальный экологический фонд
ГИ	Государственные инвестиции
ГОТ	Городской общественный транспорт
ЕБРР	Европейский банк реконструкции и развития
ЕС	Европейский союз
ЕЭП	Единое экономическое пространство
ЗАВ	Загрязнение воздуха
ЗИЗЛХ	Сектор землепользования, изменений в землепользовании и лесного хозяйства
ЗКФ	Зеленый климатический фонд
ИЗЛХ	Сектор «Изменения в землепользовании и лесное хозяйство»

КАВЭИК	Казахстанская ассоциация высокотехнологичных, энергоэффективных и инновационных компаний
КПГ	Компримированный природный газ
КС	Конференция Сторон (Рамочной конвенции ООН об изменении климата)
МКИ	(Германия) Международная климатическая инициатива (*Internationale Klimaschutzinitiative*)
МСХРРОС	Министерство сельского хозяйства, регионального развития и окружающей среды Молдовы
МФИ	Международный финансовый институт
МФЦА	Международный финансовый центр «Астана»
МЭЧР	Механизм экологически чистого развития
НКО	Национальное климатическое обязательство
НПО	Неправительственная организация
ООН	Организация Объединенных Наций
ОЭСР	Организация экономического сотрудничества и развития
ПГ	Парниковый газ (выбросы)
ПДК	Предельно допустимая концентрация
ПОНУВ	Предполагаемый определяемый на национальном уровне вклад
ПРООН	Программа развития Организации Объединенных Наций
РКИК ООН	Рамочная конвенция ООН об изменении климата
РЭЦЦА	Региональный экологический центр Центральной Азии
СНГ	Сжиженный нефтяной (углеродный) газ
СО	Совместное осуществление
СПГ	Сжиженный природный газ
СПР	Среднесрочный прогноз расходов
СТП	Служба технической поддержки
ТОО	Товарищество с ограниченной ответственностью

ТЧ	Твердая частица
УИ	Учреждение-исполнитель
УПЦ	Управление проектным циклом
УР	Учреждение-разработчик программы
ЧПС	Чистая приведенная стоимость
ЭЧОТ	Экологически чистый общественный транспорт

Иностранные аббревиатуры

ANTA	Национальное агентство автомобильного транспорта (*Agenția Națională Transport Auto*)
BAU	Инерционный сценарий развития экономики
BMNT	(Австрия) Министерство устойчивого развития и туризма *(Bundesministerium für Nachhaltigkeit und Tourismus)*
BMU	(Германия) Федеральное министерство окружающей среды, охраны природы и ядерной безопасности (*Bundesministerium für Umwelt, Naturschutz und nukleare Sicherheit*)
BRT	Скоростной автобусный транспорт (система автобусного сообщения)
CHP	Комбинированная теплоэлектростанция
DGC	Динамически генерируемые затраты
EUR	Евро (валюта стран еврозоны)
GIZ	Германское общество по международному сотрудничеству (*Deutsche Gesellschaft für Internationale Zusammenarbeit*)
KGS	Кыргызский сом (национальная валюта Кыргызстана)
KPC	«Коммуналкредит Паблик Консалтинг» (Kommunalkredit Public Consulting)
KPVPD	Среднесуточный пробег транспортного средства в километрах (Kilometers per Vehicle per Day)
KZT	Казахстанский тенге (национальная валюта Казахстана)
MDL	Молдавский лей (национальная валюта Молдовы)

MoE	Министерство энергетики Казахстана
MoEcon	Министерство экономики Кыргызстана
MoEnv	(бывшее) Министерство окружающей среды Молдовы
NFEP&WM	(Польский) Национальный фонд охраны окружающей среды и водного хозяйства
NCF	Чистый поток денежных средств
OPTIC	Оптимизация инвестиционных затрат на общественный транспорт (модель, разработанная ОЭСР)
O&M	Затраты на обслуживание и ремонт
PLN	Польский злотый (национальная валюта Польши)
PM	Премьер-министр (пост)
PV	Фотоэлектрическое устройство
RSE	Республиканское госпредприятие
USD	Доллар США (национальная валюта США)

Единицы измерения, количества и химические соединения

кг	килограмм
км	километр
кт	килотонна
м	метр
МВт	мегаватт
мг	миллиграмм
мкг	микрограмм
млн	миллион
$м^3$	кубометр
т	тонна

тыс.	тысяча
CO	монооксид углерода (угарный газ)
CO_2	диоксид углерода (углекислый газ)
тCO_2	тонна CO_2
тCO_2e	тонна эквивалента CO_2
kpvpd	средний суточный пробег единицы автотранспорта в километрах
NO_x	оксид азота
тNO_x	тонна NO_x
N_2O	окись азота
SO_2	диоксид серы

Резюме

Переход к энергоэффективному местному общественному транспорту

Правительства Казахстана, Кыргызстана и Молдовы взяли на себя обязательства содействовать развитию энергоэффективного местного общественного транспорта. Сюда относятся транспортные средства, использующие более экологичные технологии или виды топлива такие, как компримированный природный газ (КПГ) / сжиженный природный газ (СПГ), сжиженный нефтяной (углеводородный) газ (СНГ), дизель стандарта Евро-5/6 и электричество. Однако зачастую правительственные программы грешат чрезмерной амбициозностью, неточностями в оценке стоимости и нереальными сроками выполнения при отсутствии четко прописанных бюджетов и источников финансирования. В большинстве случаев институциональные механизмы реализации программ не проработаны должным образом.

Заручившись финансовой поддержкой ОЭСР, правительства трех вышеупомянутых стран приступили к осуществлению проекта, известного как «Программа поддержки экологически чистого общественного транспорта» (ЭЧОТ). Эта программа помогает оценить общие затраты на реализацию проекта и найти ресурсы для снижения негативного воздействия на окружающую среду при эксплуатации общественного транспорта в крупных городах. Цели, методология, процедуры и основные выводы по трем отдельным страновым проектам сведены в единое целое в рамках настоящего отчета.

Результаты исследования

Двухэтапная реализация инвестиционных программ позволит заменить большое количество изношенных транспортных средств:

- В Казахстане по итогам этапа расширения масштабов программы (Сценарий № 1) в 19 городах появятся 1 827 единиц нового общественного транспорта (386 КПГ- и 1 441 СНГ-автобусов), и для этих целей потребуются инвестиции в размере 179.47 млн долларов США. В случае реализации более амбициозного варианта этапа расширения масштабов программы (Сценарий № 2) в 21 городе появятся 2 783 единицы нового общественного транспорта (953 КПГ- и 1 830 СНГ-автобусов), и для этих целей потребуются инвестиции на сумму 275.89 млн долларов США.
- В Кыргызстане в результате реализации обоих этапов программы будет закуплено 1 363 единицы городского, пригородного и междугородного общественного транспорта – 1 158 КПГ-автобусов, 115 троллейбусов и 90 современных дизельных автобусов. Общие инвестиционные затраты оцениваются в 198.8 млн долларов США.
- В Молдове реализация пилотного этапа и этапа расширения масштабов программы (Сценарий № 1) позволит ввести в эксплуатацию 735 единиц нового городского и пригородного общественного транспорта (62 троллейбуса, 393 автобуса и 280 микроавтобусов), и для этих целей потребуются инвестиции в размере 150.2 млн долларов

США. В случае реализации более амбициозного варианта этапа расширения масштабов программы (Сценарий № 2) Молдова получит 2 510 новых городских, пригородных и междугородних транспортных средств (62 троллейбуса, 1 456 автобусов и 992 микроавтобуса, оснащенных современными дизельными, КПГ- и СНГ-двигателями), и для этих целей потребуются инвестиции на сумму 498.6 млн долларов США.

Сценарии реализации программ делают акцент на внедрение крупногабаритных автобусов, работающих на природном газе и электричестве:

- Как правило, при выборе между микроавтобусами и крупногабаритными автобусами (длиной более 10 м), предпочтение отдается последним. При этом электричество, по возможности, генерируемое из возобновляемых источников энергии, и природный газ являются более предпочтительными вариантами по сравнению с нефтяным газом и дизельным топливом.

Для перехода на использование более экологичных транспортных средств необходима финансовая поддержка в виде государственных субсидий:

- Операторы общественного транспорта как муниципальные, так и частные, нуждаются в финансовой поддержке со стороны государства, предоставляемой в виде субсидий, для замены изношенного транспортного парка на современные, экологически чистые транспортные средства.

Ожидается, что успешная реализация программы позволит достичь следующих целевых показателей по сокращению выбросов парниковых газов и других загрязнителей атмосферного воздуха:

- Прогнозный показатель сокращения выбросов CO_2 по сравнению с базовым уровнем:
  - Казахстан: 68 367 тонн/год (27.2%)[1]
  - Кыргызстан: 68 506 тонн/год (47.3%)
  - Молдова: 73 944 тонн/год (42.2%)
- Прогнозный показатель сокращения выбросов NO_x по сравнению с базовым уровнем:
  - Казахстан: 1 724 тонн/год (83.5%)
  - Кыргызстан: 1 236 тонн/год (86.4%)
  - Молдова: 1 444 тонн/год (83.5%)
- Прогнозный показатель сокращения выбросов твердых частиц диаметром до 2.5 микрон ($ТЧ_{2.5}$) по сравнению с базовым уровнем:
  - Казахстан: 50 тонн/год (98.2%)
  - Кыргызстан: 29 тонн/год (98.7%)
  - Молдова: 35 тонн/год (98.8%)
- Прогнозный показатель сокращению выбросов SO_2 по сравнению с базовым уровнем:
  - Казахстан: 39 тонн/год (83.3%)
  - Кыргызстан: 27 тонн/год (99.6%)
  - Молдова: 29 тонн/год (88.9%)
- Прогнозный показатель сокращения выбросов CO по сравнению с базовым уровнем:
  - Казахстан: 315 тонн/год (56.1%)
  - Кыргызстан: 307 тонн/год (94.0%)
  - Молдова: 301 тонн/год (76.3%)

Реализация программы позволит достичь следующих целей в сфере общественных услуг:

- Закупка современных, совершенно новых, транспортных средств позволяет повысить уровень комфорта и надежности пассажирских перевозок. Улучшение и расширение охвата населения Кыргызстана и Молдовы услугами пассажирских перевозок за счет внедрения пригородного и междугородного общественного транспорта в соответствии с муниципальными и национальными программами и стратегиями развития транспортного сектора.

Реализация программы может способствовать социально-экономическому развитию:

- Программа ЭЧОТ поспособствует социально-экономическому развитию отдельных муниципалитетов и, в конечном итоге, всей страны посредством модернизации городского, пригородного и междугородного транспортного парка.
  - Модернизация общественного транспорта позволяет улучшить мобильность, что способствует повышению уровня производительности, в первую очередь, групп населения с низким уровнем дохода: доступ к рабочим местам, рынкам и социальной интеграции (доступ к больницам, школам).
  - Благодаря программе внутренний рынок получит стимул к производству или, по крайней мере, узловой сборке современных автобусов и троллейбусов. Выделение государственных субсидий частным и муниципальным операторам общественного транспорта поможет им приобрести новые транспортные средства, не ограничиваясь одной лишь модернизацией и переоборудованием двигателей подержанного транспортного парка. Применение данного подхода также позволит создать рабочие места.

Потенциальные препятствия на пути реализации программы

Технические проблемы:

- отсутствие необходимой инфраструктуры (например, отсутствие разветвленной сети общественного транспорта, доступа к более экологичным видам топлива и источникам энергии)
- недостаточно высокие стандарты качества и технические требования в отношении транспортных средств и различных видов топлива
- искаженные ценовые сигналы, способствующие отсутствию стимула к экологически ответственному поведению и переходу на использование более экологичных видов топлива, технологий.

Институциональные проблемы:

- государственные учреждения не обладают достаточным опытом и дееспособностью.

Психологические проблемы:

- психологическая установка на сохранение статус-кво и другие сложности, связанные с изменением устоявшегося образа мышления.

Рекомендации

- Укрепить потенциал учреждений, занимающихся подготовкой и реализацией программ.
- Усилить технический контроль в транспортном секторе:
  - ужесточить нормы выбросов отработанных газов для (дизельных) двигателей, тем самым приблизив их к европейским стандартам

    - повысить стандарты качества (дизельного) топлива
    - ужесточить требования к проведению технического осмотра.
- Внедрить адекватные ценовые сигналы.
- Усилить поддержку производителей экологически чистых автобусов.
- Внести коррективы в систему пассажирских тарифов для городского общественного транспорта.
- Улучшить взаимодействие между министерствами в процессе осуществления транспортной стратегии.
- Внести изменения в процедуру открытых тендеров на услуги городского общественного транспорта.
- Стимулировать внедрение энергоэффективных технологий в общественном транспорте.

Выводы

Выход за рамки инструментария: Разработанные программы ЭЧОТ – это нечто большее, чем простой набор технических средств и связанных с ними расходов. Это дорожные карты по стимулированию более «зеленого» пути развития государств.

Преобразование препятствий в новые возможности: программами ЭЧОТ предусмотрен лишь ограниченный объем инвестиций в инфраструктуру. Таким образом, существующие препятствия можно относительно быстро превратить в новые возможности.

Планирование вне рамок годовых циклов: планирование фискальной политики должно выходить за рамки годовых бюджетных циклов. В частности, извлечение экологической выгоды – это длительный процесс, который нужно планировать заблаговременно. Другими словами, инвестиционная программа должна включать в себя среднесрочное планирование расходов.

Усовершенствование нормативных требований и стратегических мер: улучшение нормативной базы и создание структур, отвечающих за формирование и реализацию стратегии, требует времени. Однако все это имеет решающее значение для успеха проекта по внедрению энергоэффективных, экологически чистых и экономически жизнеспособных транспортных услуг.

Важно не упустить момент: настоящий отчет суммирует наиболее важные предложения, разработанные с учетом особенностей целевого сектора, в частности, предложения по поводу технических регламентов или ценовых сигналов. В отчете также указаны ключевые проблемы (межведомственное взаимодействие или открытые тендеры), весьма характерные для всех трех целевых стран. У этих стран примерно одинаковые стартовые позиции, что отчасти обусловлено их общим наследием советских времен. Однако тот, кто возьмет на себя роль первопроходца, все еще может получить преимущество перед соседями по региону, и это является важным стимулом к немедленным действиям.

Примечание

[1] Данные показатели отображают объем вредных выбросов транспортных средств, подлежащих замене (базовый уровень), и объем вредных выбросов новых транспортных средств (целевой показатель), а не суммарные выбросы всего парка общественного транспорта в Казахстане.

1 Программа и реализация страновых программ

В данной главе содержится обзорная информация о региональном проекте в целом, включая краткое описание этапов подготовки (идентификации) и реализации (анализа) проекта в Казахстане, Кыргызстане и Молдове. В первой части представлен краткий обзор проблем, с которыми сталкиваются страны в процессе перехода к устойчивой и энергоэффективной экономике, что является важным компонентом (комплексного) обоснования проекта. Во второй части данной главы дается описание основных целей и этапов сотрудничества с каждой из трех целевых стран.

Общие особенности проектов

Обоснование и определение направленности проектов

После обретения независимости после распада Советского Союза в 1991 году национальные правительства Казахстана, Кыргызстана и Молдовы взяли на себя обязательства содействовать устойчивому развитию. Специально для ключевых секторов, влияющих на состояние экономики и окружающей среды в этих странах, были разработаны национальные стратегии, программы и планы действий. В этот перечень входят секторы энергетики, промышленного производства, транспорта, сельского и лесного хозяйства, а также сектор управления отходами.

Правительства Казахстана, Кыргызстана и Молдовы взяли на себя обязательства по развитию энергоэффективного местного общественного транспорта. На 21-й сессии Конференции Сторон РКИК (КС-21), проходившей в Париже в 2015 году, были представлены Предполагаемые определяемые на национальном уровне вклады (ПОНУВ), ставящие амбициозные цели по сокращению выбросов парниковых газов (ПГ). К 2030 году Казахстан и Молдова обязались уменьшить выбросы ПГ на 15-25%[1] и 64-78%[2] соответственно по сравнению с уровнем выбросов 1990 года. В свою очередь, Кыргызстан взял на себя обязательство добиться сокращения выбросов ПГ в диапазоне 11.49-30.89% ниже уровня инерционного сценария развития экономики к 2030 году и в диапазоне 12.67-36.75%[3] ниже уровня инерционного сценария развития экономики к 2050 году.[4]

Для достижения поставленных целей в области охраны климата в соответствии с Национальными климатическими обязательствами (НКО)[5] правительства стран Восточной Европы, Кавказа и Центральной Азии (ВЕКЦА) осуществляют климатические программы и определяют перечень проектов, которые могут рассчитывать на государственное финансирование. Данные программы нередко включают в себя инвестиционную составляющую. Однако зачастую эти программы устанавливают чрезмерно амбициозные цели и нереальные сроки выполнения, грешат неточностями в оценке стоимости при отсутствии четко прописанных бюджетов и источников финансирования. В большинстве случаев институциональные механизмы реализации программ не проработаны должным образом.

Национальные экономики Казахстана и Кыргызстана выделяются на фоне прочих стран ВЕКЦА высокой интенсивностью выбросов углекислого газа (CO_2) (Рисунок 1.1). Казахстан занимает второе место (после Узбекистана) по интенсивности выбросов с показателем 3.24 кг CO_2 на кг нефтяного эквивалента потребляемой энергии. В свою очередь, Молдова имеет самый низкий показатель интенсивности выбросов среди всех стран ВЕКЦА – 1.49 кг CO_2. Этот показатель является также ниже среднемирового уровня – 2.57 кг. По показателю выбросов CO_2 на душу населения в 2014 году Казахстан почти втрое превзошел среднемировой уровень (14.36 тонн и 4.98 тонн CO_2 на душу населения соответственно). Это во многом объясняется тем, что за период с 1992 по 2014 год Казахстан уменьшил количество выбросов CO_2 на душу населения всего лишь на 10%, в то время как Молдова и Кыргызстан добились сокращения выбросов на 75% и 34% соответственно.

Рисунок 1.1. Количество выбросов на душу населения и интенсивность выбросов CO_2 в странах ВЕКЦА, 2014 г.

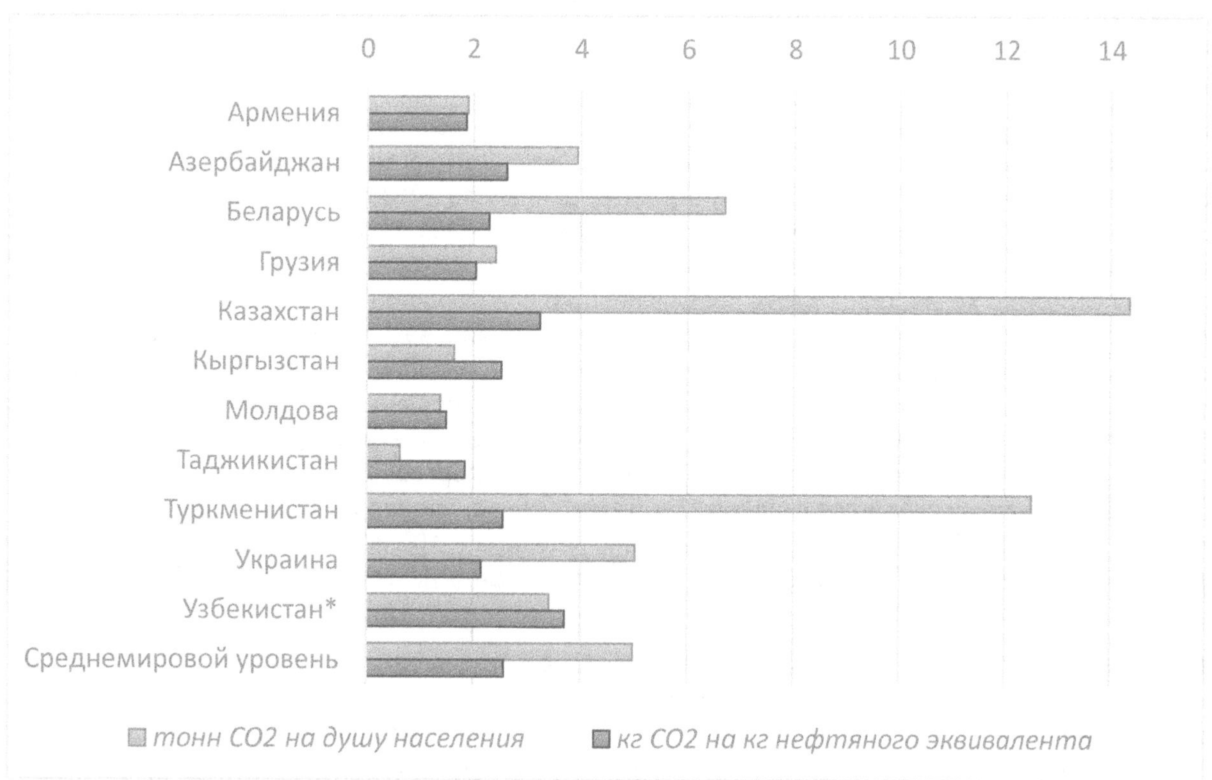

Примечание: данные за 2013 г.
Источник: Всемирный банк (https://data.worldbank.org).

Энергетический сектор Казахстана несет ответственность за большую часть выбросов ПГ в масштабах государства – 82.1% от общего объема. Объем выбросов транспортного сектора учитывается как составная часть общего объема выбросов энергетического сектора. В 2014 году на долю транспортного сектора пришлось 8.4% от общего объема выбросов ПГ в секторе энергетики. На долю автотранспорта как ключевой составляющей транспортного сектора приходится 88% от общего объема выбросов ПГ в данном секторе. Остальная часть выбросов ПГ приходится на долю секторов промышленного производства, сельского хозяйства и утилизации отходов, а также на долю сектора землепользования, изменений в землепользовании и лесного хозяйства (ЗИЗЛХ). Объем выбросов ПГ в секторе автотранспорта резко снизился за период с 1990 (базовый год) по 1999 год. Это произошло главным образом вследствие глубокого экономического кризиса в стране. Несмотря на существенное увеличение выбросов с 1999 года, в 2007 году был почти достигнут уровень 1990 года – общий объем выбросов ПГ в 2014 году составил всего 80.5% (без учета сектора ЗИЗЛХ) от общего объема выбросов 1990 года (UNFCCC, 2016[1]). [6]

Согласно данным за 2015 год, энергетический сектор Молдовы также несет ответственность за большую часть выбросов ПГ в масштабах государства – 68.1% от общего объема без учета сектора ЗИЗЛХ. Объем выбросов транспортного сектора учитывается как составная часть общего объема выбросов энергетического сектора. На долю транспортного сектора приходится 23.2% от общего объема выбросов ПГ в энергетическом комплексе. В абсолютном выражении объем выбросов ПГ (как в целом по стране, так и в транспортном секторе) уменьшился по сравнению с 1990 годом. Это произошло главным образом из-за падения валового внутреннего продукта и сокращения численности населения. Однако доля транспортного сектора в общем объеме выбросов выросла с 10.3% в 1990 году до 15.8% в 2015 году. На долю автотранспорта приходится большая часть выбросов ПГ в транспортном секторе. В 1990 году на его долю пришлось 87.3% от общего объема выбросов ПГ в транспортном секторе, а в 2015 году этот показатель достиг 98.1%. Остальная часть выбросов ПГ приходится на долю секторов сельского хозяйства, утилизации отходов и промышленного производства (15.2%, 11% и 5.7% соответственно по состоянию на 2015 г.) (GoM, 2017[2]).

Низкий уровень выбросов ПГ в Кыргызстане – как в абсолютных величинах, так и в пересчете на душу населения – во многом обусловлен тем, что 90% всей выработки электроэнергии обеспечивается гидроэлектростанциями. Согласно данным за 2013 год, на долю энергетического сектора Кыргызстана приходится основная часть выбросов ПГ (61.1% от общего объема)[7] без учета данных по сектору изменений в землепользовании и лесного хозяйства (ИЗЛХ). Следом за ним идут секторы сельского хозяйства (28.4%), промышленного производства (5.7%) и утилизации отходов (4.8%).[8] Объем вредных выбросов транспортного сектора учитывается как составная часть общего объема вредных выбросов энергетического сектора. Транспорт в совокупности с прочими процессами сжигания топлива генерирует примерно 71% от общего объема вредных выбросов в энергетическом секторе (USAID, 2017[3]). В то время как общий объем выбросов ПГ в Кыргызстане уменьшился на 52% за период с 1990 по 2010 год, объем выбросов ПГ в транспортном секторе за аналогичный период сократился лишь на 32%. Тем не менее, доля транспортного сектора в общем объеме выбросов ПГ в Кыргызстане относительно невелика – 10% в 1990 году и 15% в 2010 году. Львиная доля выбросов ПГ в транспортном секторе приходится на автотранспорт – 93% в 1990 году и 99% в 2010 году (GoK, 2016[4]).

Важно отметить, что Кыргызстан, Казахстан и Молдова относятся к странам с довольно высокой степенью уязвимости к изменениям климата. Прежде всего, это касается водных ресурсов, здравоохранения, сельского хозяйства и чрезвычайных ситуаций, вызванных изменением климатических условий. В 2017 году эти страны заняли соответственно 52-е, 67-е и 124-е места в рейтинге, охватывающем 181 государство, по индексу глобальных рисков климатических изменений. Например, Кыргызстан занимает 11 место по количеству жертв экстремальных погодных явлений в расчете на 100 000 населения (Eckstein, D. et al., 2019[5]).

Аналитическая работа и основные результаты проекта

В 2016 году ОЭСР объединила усилия с Казахстаном, Кыргызстаном и Молдовой с тем, чтобы проанализировать возможные способы достижения страновых целей в области защиты окружающей среды (снижение уровня загрязнения воздуха) и охраны климата (сокращение выбросов ПГ) при помощи программы государственных инвестиций. Прежде всего, сотрудничество с ОЭСР помогло трем странам-партнерам разработать программу «зеленых» инвестиций, предусматривающую совместное финансирование с использованием бюджетных средств в виде государственных субсидий. Данная программа направлена на стимулирование спроса на «зеленые» инвестиции в странах-партнерах.

Политические решения по поводу направленности программы принимались главными партнерами ОЭСР, а именно: Министерством энергетики Казахстана, бывшим Министерством окружающей среды Молдовы и Министерством экономики Кыргызстана. Они проводили широкие консультации с ключевыми заинтересованными сторонами, представляющими как государственный, так и негосударственный сектор.

Все три страновые программы «зеленых» государственных инвестиций были направлены на стимулирование низкоуглеродной мобильности путем перехода на использование современных средств общественного транспорта (автобусы, троллейбусы и микроавтобусы). Одним из возможных вариантов является переход на использование транспортных средств, работающих на более экологичных ископаемых видах топлива, таких как компримированный природный газ (КПГ), сжиженный природный газ (СПГ), сжиженный нефтяной газ (СНГ) и дизельное топливо стандарта

Евро-5/6. Другой вариант заключается в переходе к транспортным средствам, работающим на топливе и электричестве, вырабатываемом из возобновляемых источников энергии: энергия ветра, солнечная энергия, гидроэнергия.

Проект включал в себя четыре основных направления деятельности и соответствующие результаты:

- начальный этап определения масштабов и анализ данных
- разработка методологии оценки стоимости программы
- разработка программы в соответствии с передовой международной практикой
- подготовка аналитического отчета и проведение тренингов.

В первую очередь был проведен анализ рынка, что позволило определить уровень потребности в государственной поддержке целевого сектора, то есть сектора общественного транспорта с учетом программных целей.

Второе и третье направления деятельности составляли основу проекта. Их целью была практическая демонстрация того, как следует использовать ограниченные государственные средства для стимулирования частных инвестиций в экологически чистые и социально значимые проекты.

В рамках второго направления деятельности была создана специальная модель для поддержки процесса анализа и разработки программы. Данный инструмент, созданный на базе электронных таблиц Excel, представляет собой оптимизатор инвестиционных затрат на общественный транспорт (так называемая модель OPTIC), позволяющий преобразовать природоохранные и климатические цели в финансовые ресурсы, необходимые для их достижения.[9] С помощью данной модели можно рассчитать суммарные издержки на осуществление программы как со стороны государства, так и со стороны частных инвесторов. Кроме того, данная модель позволяет поставщикам услуг повысить эффективность инвестиций путем расчета оптимального размера субсидий, необходимых для стимулирования рынка с учетом поставленных целей по сокращению выбросов ПГ и других загрязнителей воздуха. Другими словами, модель OPTIC определяет оптимальный уровень финансовой поддержки операторов общественного транспорта для стимулирования спроса на более экологичные транспортные средства и достижения желаемых результатов в сфере охраны окружающей среды. Модель является аналитическим инструментом, способствующим повышению прозрачности и объективности процесса принятия решений.

Основным результатом трех страновых проектов являются заключительные аналитические отчеты (OECD, 2017[6]), (OECD, 2019[7]) и (OECD, 2019[8]), состоящие из нескольких элементов. Они основываются на тщательном анализе природоохранного законодательства, в первую очередь природоохранного законодательства целевой страны и Европейского союза, технических норм и требований, касающихся общественного транспорта. Отчеты также содержат исчерпывающие первичные и вторичные данные об окружающей среде, транспортном секторе и сфере общественных услуг в каждой из целевых стран.

Вставка 1.1. Процесс реализации проекта

В период с 2016 по 2018 гг. проектная команда[10] несколько раз посетила каждую из целевых стран (четыре-пять визитов в каждую страну). В ходе визитов проводились обсуждения инвестиционной программы с участием экспертов из правительственных учреждений и местных администраций в пилотных городах: Костанай и Шымкент в Казахстане, Кишинев и Бельцы в Молдове, Бишкек и Ош в Кыргызстане. Проектная команда также проводила встречи с экспертами из различных международных организаций, действующих на территории целевых стран.

Встречи проходили в разных форматах. В основном это были двусторонние встречи. Кроме того, в каждой из целевых стран проектная команда организовала два заседания заинтересованных сторон – стартовое и заключительное – с участием представителей министерства-партнера.

Благодаря заключительным заседаниям заинтересованных сторон проектной команде удалось достичь сразу трех целей. Во-первых, на заключительных заседаниях проводились презентации программ «зеленых» государственных инвестиций, разработанных для соответствующих стран.[11] Во-вторых, были вкратце изложены результаты исследования рынка с акцентом на экологически чистые виды топлива и технологии. В-третьих, было дано общее описание основных элементов, необходимых для реализации программы: оценка стоимости и объемов финансирования программы, институциональные механизмы реализации программы и т.д.

Реализация программы в каждой из стран завершалась проведением учебного семинара. В ходе семинара правительственные чиновники и профильные эксперты с опытом участия в реализации государственных программ по защите окружающей среды и развитию транспорта получили практические знания в двух ключевых областях. Во-первых, участников семинара обучали разработке и расчету затрат на реализацию среднесрочных и долгосрочных программ «зеленых» государственных инвестиций, например, оценка стоимости программы, определение оптимального уровня субсидии. Во-вторых, они приобрели навыки в осуществлении подобных программ (методы оценивания и отбора проектов, процесс мониторинга и оценка результатов и т.д.). Проектная команда ОЭСР привела примеры того, каким образом аналогичные программы реализуются в некоторых странах ЕС (Австрии, Польше и Чехии).

Первоначальной целью обучающего семинара было определение профильного учреждения или ведомства, ответственного за подготовку и осуществление программы. К сожалению, ни в одной из стран не удалось выбрать подходящее учреждение-исполнителя вследствие ограниченных возможностей заинтересованных сторон. Описание данной проблемы содержится в соответствующих разделах, посвященных разработке программы.

Участники обучающих семинаров интересовались следующими вопросами:

- презентация и обсуждение конкретной программы
- презентация и обсуждение тематических исследований в области подготовки и реализации программы, особенно в том, что касается передовых практик других стран.

Процесс разработки программы представлял особый интерес для участников семинара, и благодаря тренингам они получили хорошую возможность расширить свои знания. Однако далеко не все участники семинара собирались участвовать в реализации программы. Поэтому семинар вызвал меньший интерес у участников в части, касающейся реализации программы. Изначально проектная команда готовилась к проведению более длительного семинара, однако каждый раз она была вынуждена сокращать программу обучения, идя навстречу пожеланиям профильных министерств.

Одним из важнейших результатов обоих мероприятий является достижение договоренности между участниками о дальнейших шагах по осуществлению проекта. Участники также определили основные (потенциальные) проблемы, связанные с разработкой и выполнением программы. Одной из таких проблем является принятие первоочередных стратегических мер (законодательных и регуляторных), необходимых для успешного выполнения программы.

Особенности реализации проекта в целевых странах

Казахстан

Правительство Казахстана выразило заинтересованность в продолжении сотрудничества с ОЭСР по вопросу разработки программ «зеленых» государственных инвестиций, способствующих реализации Концепции «зеленой» экономики в Казахстане и соответствующего Плана действий (ЕО РоК, 2013[9]). Правительство Казахстана пришло к заключению, что предыдущий опыт реализации проектов в странах ВЕКЦА и другие соответствующие (общие) инструменты ОЭСР[12] можно использовать при разработке последующих программ «зеленых» государственных инвестиций как на национальном, так и на местном уровнях.

Продолжение (возобновление) официального сотрудничества ОЭСР с Казахстаном состоялось в рамках «Страновой программы сотрудничества на 2015-2016 годы». Главным партнером по реализации данной программы стал Департамент зеленой экономики при Министерстве энергетики Казахстана.[13]

В этой связи между правительством Казахстана (в лице Министерства энергетики) и ОЭСР (в лице Директората по охране окружающей среды) было подписано соглашение о совместном осуществлении проекта, содействующего «зеленому» росту и низкоуглеродному развитию в Казахстане. Данный проект также обеспечит аналитическую поддержку стратегического диалога по ключевым руководящим принципам концепции «зеленой» экономики Казахстана.

Основной целью проектной работы было оказание помощи Министерству энергетики Казахстана в разработке программы «зеленых» инвестиций. Данная программа, финансируемая из государственных фондов, направлена на стимулирование спроса на «зеленые» инвестиции внутри страны. В ходе предварительного обсуждения представители министерства обратились к ОЭСР с просьбой помочь в разработке инвестиционной программы, направленной на снижение уровня загрязнения воздуха в транспортном секторе.[14]

Костанай и Шымкент были определены в качестве городов-участников первого (пилотного) этапа инвестиционной программы. Ни один из этих городов не является столицей Казахстана.[15] На втором этапе программа охватит практически все крупные города страны (19 или 21 из 23 региональных центров).

В течение 2016 года проектная команда несколько раз посетила Казахстан для обсуждения элементов инвестиционной программы с экспертами из правительственных учреждений в Астане, Костанае и Шымкенте, а также с представителями различных международных организаций, действующих на территории страны.

Молдова

Как и в случае с Казахстаном, представители (бывшего) Министерства окружающей среды Молдовы обратились к ОЭСР с просьбой помочь в разработке и расчете стоимости выбранной инвестиционной программы по охране климата. Данная программа служила средством для достижения двух целей. Во-первых, она была направлена на повышение уровня компетентности правительственного персонала в вопросах разработки и реализации подобных программ. Во-вторых, ее собирались использовать в качестве образца при разработке других программ инвестиций в низкоуглеродные технологии. В 2011 году ОЭСР заложила основу для выполнения данного проекта благодаря проведению специализированного обучения молдавских экспертов в области экологии по вопросам разработки и управления программами экологических инвестиций.[16]

Главная цель данного проекта заключалась в оказании помощи Министерству сельского хозяйства, регионального развития и окружающей среды (на более раннем этапе – Министерству окружающей среды) по двум направлениям деятельности. Во-первых, министерство намеревалось разработать программу «зеленых» государственных инвестиций в соответствии с передовой международной практикой. Во-вторых, министерству нужно было рассчитать сметную стоимость данной программы с целью стимулирования спроса на «зеленые» инвестиции в Молдове с привлечением инвестиционных средств из государственных фондов и международных источников финансирования.

В ходе предварительного обсуждения Министерство окружающей среды Молдовы, подобно Министерству энергетики Казахстана, предложило нацелить будущую инвестиционную программу на снижение уровня загрязнения воздуха в транспортном секторе.

Выбор в пользу данного проекта был обусловлен несколькими важными обстоятельствами. Во-первых, на тот момент правительством Молдовы немного было сделано для этого сектора. Во-вторых, правительство при поддержке Германского общества по международному сотрудничеству (GIZ) уже приступило к разработке новой стратегии снижения выбросов в атмосферу и законодательства об охране атмосферного воздуха. Данный проект рассматривался как весомый вклад и естественное дополнение к вышеупомянутой деятельности правительства.

Кишинев (столица) и Бельцы были определены в качестве городов-участников первого (пилотного) этапа инвестиционной программы. Бельцы занимают второе место среди населенных пунктов Молдовы по численности населения, и это второй город в стране, где существует сеть общественного транспорта. В отличие от проекта в Казахстане, второй этап молдавского проекта предусматривает охват пригородных районов двух пилотных городов, а также развитие междугородных автобусных линий.

В период с конца 2016 по начало 2018 гг. проектная команда несколько раз посетила Молдову для обсуждения элементов инвестиционной программы с экспертами из правительственных учреждений и местных администраций в Кишиневе и Бельцах, а также с представителями различных международных и национальных организаций, действующих на территории страны.

Кыргызская Республика

Выбор в пользу Кыргызстана в качестве третьей целевой страны в основном был продиктован высоким уровнем вовлеченности наших кыргызских партнеров.[17] Делегация Кыргызстана и представители ОЭСР провели предварительное обсуждение проекта на заседании Специальной рабочей группы по реализации Программы действий в области «зеленой» экономики, состоявшемся 25-26 октября 2017 года в городе Алматы. Представители ОЭСР, выполняющей функции секретариата в интересах Специальной рабочей группы, выразили готовность поддержать усилия Кыргызстана по созданию надежно функционирующей финансовой системы для достижения более эффективного, инклюзивного и «зеленого» экономического роста.

Главная цель данного проекта заключалась в оказании помощи Министерству экономики в разработке программы «зеленых» государственных инвестиций в соответствии с передовой международной практикой и оценке сметной стоимости данной программы, которая, в свою очередь, будет направлена на стимулирование спроса на «зеленые» инвестиции в Кыргызстане с привлечением инвестиционных средств из государственных фондов и международных источников финансирования.

Инвестиционная программа делает упор на снижение уровня загрязнения воздуха и сокращение выбросов парниковых газов (ПГ) в секторе общественного транспорта. Два города были выбраны для участия в пилотном этапе реализации программы: Бишкек (столица) и Ош (второе место по численности населения в стране). На втором этапе программа будет расширена за счет охвата пригородных районов двух пилотных городов и развития междугородных автобусных линий.

В первой половине 2018 года проектная команда несколько раз посетила Кыргызстан для обсуждения элементов инвестиционной программы с экспертами из правительственных учреждений и местных администраций в Бишкеке и Оше. Они также встретились с экспертами из различных международных и национальных организаций, действующих на территории страны.

Ссылки

Eckstein, D. et al. (2019), *Global climate risk index 2019: Who suffers most from extreme weather events? Weather-related loss events in 2017 and 1998 to 2017*, Briefing Paper, Germanwatch, Bonn, https://germanwatch.org/sites/germanwatch.org/files/Global%20Climate%20Risk%20Index%202019_2.pdf. [5]

EO PoK (2013), *Concept for Transition of the Republic of Kazakhstan to Green Economy*, Executive Office of the President of Kazakhstan, Astana, https://www.oneplanetnetwork.org/resource/concept-transition-republic-kazakhstan-green-economy. [9]

GoK (2016), *Third National Communication of the Kyrgyz Republic under the UN Framework Convention on Climate Change*, Government of Kyrgyzstan, Bishkek, https://unfccc.int/sites/default/files/resource/NC3_Kyrgyzstan_English_24Jan2017.pdf. [4]

GoK (2015), *Intended Nationally Determined Contribution – Submission of the Kyrgyz Republic*, Government of Kyrgyzstan, Bishkek, https://www4.unfccc.int/sites/submissions/INDC/Published%20Documents/Kyrgyzstan/1/Kyrgyzstan%20INDC%20_ENG_%20final.pdf. [10]

GoM (2017), *National Inventory Report 1990-2015: Greenhouse Gas Sources and Sinks in the Republic of Moldova*, Submission to the UNFCCC, Government of Moldova, Chisinau, http://www.clima.md/download.php?file=cHVibGljL3B1YmxpY2F0aW9ucy80MjAwODJfZW5fbmlyNV9lbl8yOTEyMTcucGRm. [2]

GoM (2015), *Republic of Moldova's Intended National Determined Contribution*, Government of Moldova, Chisinau, https://www4.unfccc.int/sites/ndcstaging/PublishedDocuments/Republic%20of%20Moldova%20First/INDC_Republic_of_Moldova_25.09.2015.pdf. [11]

OECD (2019), *Promoting Clean Urban Public Transportation and Green Investment in Kyrgyzstan*, Green Finance and Investment, OECD Publishing, Paris, https://www.oecd-ilibrary.org/environment/promoting-clean-urban-public-transportation-and-green-investment-in-kyrgyzstan_b6b91b9a-en. [7]

OECD (2019), *Promoting Clean Urban Public Transportation and Green Investment in Moldova*, Green Finance and Investment, OECD Publishing, Paris, https://dx.doi.org/10.1787/31925aae-en. [8]

OECD (2017), *Promoting Clean Urban Public Transportation and Green Investment in Kazakhstan*, Green Finance and Investment, OECD Publishing, Paris, https://dx.doi.org/10.1787/9789264279643-en. [6]

OECD (2007), *Handbook for Appraisal of Environmental Projects Financed from Public Funds*, OECD Environmental Finance Series, OECD Publishing, Paris, http://www.oecd.org/env/outreach/38786197.pdf. [13]

UNECE/OECD (2003), *Good Practices for Public Environmental Expenditure Management in Transition Economies*, Background Document, Fifth Ministerial Conference Environment for Europe, 21-23 May, Kiev, http://www.oecd.org/env/outreach/34089042.pdf. [12]

UNFCCC (2016), *Status Report of the Annual Inventory of Kazakhstan*, Secretariat of United Nations Framework Convention on Climate Change, Bonn, http://unfccc.int/national_reports/annex_i_ghg_inventories/national_inventories_submissiones/items/9492.php. [1]

USAID (2017), *Greenhouse Gas Emissions in Kyrgyzstan*, USAID Factsheet, United States Agency for International Development, Washington, DC, http://www.climatelinks.org/sites/default/files/asset/document/2017_USAID_GHG%20Emissions%20Factsheet%20Kyrgyzstan.pdf. [3]

Примечания:

[1] Перед правительством Казахстана поставлена безусловная цель по сокращению выбросов ПГ на 15% к 31 декабря 2030 года по сравнению с базовым уровнем выбросов 1990 года. Условная цель предусматривает сокращение выбросов ПГ на 25% к 31 декабря 2030 года по сравнению с базовым уровнем выбросов 1990 года. В рамках достижения условной цели предусмотрено выделение дополнительных международных инвестиций, получение доступа к механизму международной передачи низкоуглеродных технологий, фондам зеленого климата и механизму «гибкости» для стран с переходной экономикой (GoK, 2015[10]).

[2] Перед правительством Молдовы поставлена безусловная цель по сокращению выбросов на 64-67% в зависимости от выбранного сценария. В случае реализации сценария построения самодостаточной энергосистемы предусмотрена цель по снижению выбросов на 64%, в то время как при реализации сценария импорта электроэнергии ожидается уменьшение выбросов на 30%. Цели по сокращению выбросов были определены с учетом эмиссионного бюджета на период с января 2021 года по декабрь 2030 года. Условная цель по сокращению выбросов установлена на уровне 78% (GoM, 2015[11]).

[3] Перед правительством Кыргызстана поставлена безусловная цель добиться сокращения выбросов ПГ в диапазоне 11.5-13.8% ниже уровня инерционного сценария развития экономики к 2030 году и в диапазоне 12.7-15.7% ниже уровня инерционного сценария развития экономики к 2050 году. Условная цель предусматривает сокращение выбросов ПГ в диапазоне 29.0-30.9% ниже уровня инерционного сценария развития экономики к 2030 году и в диапазоне 35.1-36.8% ниже уровня инерционного сценария развития экономики к 2050 году. В рамках достижения условных целей предусмотрено выделение международной помощи, а именно, недорогие кредиты, передача технологий и техническое сотрудничество (GoK, 2015[10]).

[4] Для получения детальной информации о представленных на рассмотрение ПОНУВ: https://www4.unfccc.int/sites/submissions/indc/Submission%20Pages/submissions.aspx.

[5] Согласно положениям Парижского соглашения об изменении климата, ПОНУВ заменяется Национальным климатическим обязательством (НКО) после официальной ратификации Парижского соглашения. Однако государство может обратиться с требованием не менять ПОНУВ на НКО после ратификации Соглашения. Государство также может вносить поправки в поданный на рассмотрение ПОНУВ или предложить другой план или дорожную карту по сокращению выбросов ПГ.

[6] Казахстан принял на себя добровольные обязательства по сохранению выбросов ПГ в 2020 году на уровне, не превышающем отметку в 15% ниже уровня базового года. Таким образом, выбросы ПГ могут увеличиться на 5.5% по сравнению с текущим уровнем при условии, что они не превышают установленный целевой показатель выбросов.

[7] Несмотря на весомый вклад энергетического сектора в загрязнение воздуха, Кыргызстан обладает значительным потенциалом в области нетрадиционных и возобновляемых источников энергии. Сюда относится солнечная энергия, гидроэнергия, геотермальная энергия и биогаз. Использование ветровой энергии экономически нецелесообразно. Однако за период с конца 1990-х по 2005 год доли гидроэлектростанций и тепловых электростанций в структуре национального производства электроэнергии практически не изменились (GoK, 2016[4]).

[8] CAIT 2.0 WRI's Climate Data Explorer: www.climatewatchdata.org/countries/KGZ.

[9] В частности, предполагалось использовать методологию расчета стоимости программ, разработанную ОЭСР при поддержке Германии в рамках Международной климатической инициативы и уже протестированную в Казахстане (OECD, 2017[6]). В период с 2011 по 2012 год ОЭСР оказывала поддержку Министерству охраны окружающей среды Казахстана в разработке государственной инвестиционной программы по повышению энергоэффективности жилищного хозяйства. В рамках проекта «Климатически оптимизированные государственные расходы в Республике Казахстан» ОЭСР разработала методологию расчета стоимости инвестиционных программ, связанных с охраной климата. Данная методология среди прочего включала в себя модель, созданную на базе электронных таблиц Excel, предназначенную для оценки стоимости программы и ее воздействия на окружающую среду.

[10] Учитывая сложность проекта, для его реализации понадобилась поддержка со стороны международной консалтинговой компании. В период с октября 2015 по февраль 2016 года ОЭСР проводила международный тендер. Победителем тендера стал консорциум австрийской (Kommunalkredit Public Consulting) и польской (SST-Consult) компаний. В марте 2016 года с данным консорциумом был подписан 29-месячный договор об исполнении.

[11] В данном случае также учитывались недавние события, такие как широкомасштабная административная реформа в Молдове, сопровождавшаяся существенными кадровыми перестановками.

[12] В качестве примеров можно привести *Good Practices for Public Environmental Expenditure Management in Transition Economies (Передовой опыт управления государственными природоохранными расходами в странах с переходной экономикой)* (UNECE/OECD, 2003[12]) или *Handbook for Appraisal of Environmental Projects Financed from Public Funds (Руководство по оценке экологических проектов, финансируемых из государственных фондов)* (OECD, 2007[13]).

[13] «Меморандум о взаимопонимании между Правительством Республики Казахстан и ОЭСР» был подписан 22 января 2015 года Премьер-министром Республики Казахстан г-ном Каримом Масимовым и Генеральным секретарем ОЭСР г-ном Анхелем Гурриа. Окружающая среда была указана как одна из основных областей сотрудничества между Казахстаном и ОЭСР в рамках Меморандума.

[14] Однако, прежде чем приступить к разработке программы, нужно было уточнить программные цели и задачи (масштаб), учитывая большое количество различных видов инвестиций, которые могут быть осуществлены в данной сфере деятельности.

[15] Учитывая высокую концентрацию инвестиционных проектов в Астане и Алматы, финансируемых различными международными организациями, проектная команда решила рассмотреть другие города в качестве возможных участников проекта. Министерство энергетики приняло окончательное решение.

[16] Официальное название тренинга – «Природоохранные программы как часть среднесрочного планирования расходов».

[17] Первоначально Украина также считалась подходящим кандидатом.

2 Описание программ «зеленых» ГИ и методологий оценки их стоимости

В данной главе описаны основные элементы и подходы к разработке и реализации государственных инвестиционных программ, делающих упор на достижение целей в области охраны климата и окружающей среды. В описании этапа разработки программы представлена общая структура и инструкции по применению вспомогательного инструмента ОЭСР, известного под названием «Модель оптимизации инвестиционных затрат на общественный транспорт» (OPTIC). Модель предлагает возможные стратегии реализации и способы определения оптимального уровня софинансирования программы из государственного бюджета. В конце главы приводятся примеры передового опыта стран ЕС в построении экономически эффективных и прозрачных систем государственных природоохранных расходов, ориентированных на сектор внутренних перевозок.

Программы «зеленых» государственных инвестиций

Цели и основные элементы

Программы «зеленых» государственных инвестиций направлены на содействие достижению национальных целей, связанных с усилиями стран по смягчению последствий изменения климата, снижению уровня загрязнения воздуха в основных городах и, в конечном итоге, переходу к развитию более «зеленой» экономики.

На практике вышеупомянутая общая цель будет достигаться за счет поддержки инвестиций, то есть создания инвестиционного спроса в необходимое обновление устаревшего (изношенного) парка городского общественного транспорта как муниципального, так и частного, работающего на дизельном топливе.

Программы поддержки экологически чистого общественного транспорта (ЭЧОТ) включают в себя несколько целей:

- сокращение выбросов парниковых газов (ПГ) в секторе общественного транспорта с особым акцентом на уменьшение выбросов углекислого газа (CO_2)
- сокращение выбросов опасных загрязнителей воздуха в городах: окиси углерода (CO), оксидов азота (NO_x), твердых частиц (ТЧ), в частности, ТЧ диаметром менее 2.5 микрон и диоксида серы (SO_2)
- повышение надежности и эффективности общественного транспорта за счет модернизации городского транспортного парка, то есть увеличения доли новых автобусов возрастом менее пяти лет в парке транспортных средств, используемых в качестве городского общественного транспорта
- стимулирование внутреннего производства или, по крайней мере, узловой сборки современных автобусов и троллейбусов или других видов современных автобусов, работающих на более чистом топливе.

Ожидается, что экологические цели Программы ЭЧОТ будут достигнуты с помощью бюджетного финансирования расходов по замене устаревшего общественного транспорта современными транспортными средствами, работающими на более чистом топливе или технологиях. Что касается вредных выбросов, наиболее существенный прогресс ожидается в выполнении задач по сокращению выбросов CO_2 и NO_x в абсолютном выражении, а также $ТЧ_{2.5}$ и SO_2 в относительном выражении. Загрязнение воздуха мелкими ТЧ является одной из главных причин высокой смертности от сердечно-легочных заболеваний и рака легких. Повышенный уровень загрязнения воздуха влечет за собой увеличение риска смертности, особенно среди людей старше 65 лет. Таким образом, необходимость программы поддержки экологически чистого общественного транспорта может быть обоснована с точки зрения интересов общественного здравоохранения.

Программные цели в сфере общественных услуг соответствуют муниципальным и национальным стратегиям развития транспортного сектора. Эти цели будут достигнуты путем закупки современных (совершенно новых) транспортных средств для повышения уровня комфорта и надежности пассажирских перевозок, а также улучшения и развития сетей пригородного и междугородного общественного транспорта в целях расширения охвата населения услугами пассажирских перевозок.

Модернизация парка городского общественного транспорта в рамках реализации программы ЭЧОТ также будет способствовать социально-экономическому развитию муниципалитетов и, в конечном итоге, всей страны. Эта цель будет достигнута, например, за счет повышения эффективности, надежности и увеличения радиуса охвата сетей общественного транспорта. Улучшение мобильности способствует не только повышению уровня производительности (доступ к рабочим местам, рынкам), но и углублению социальной интеграции (доступ к больницам, школам), прежде всего, групп населения с низким уровнем дохода. Кроме того, благодаря Программе ЭЧОТ внутренний рынок может получить стимул к производству или, по крайней мере, узловой сборке современных автобусов и троллейбусов. Данная цель может быть достигнута путем финансирования закупок новых автобусов вместо модернизации двигателей, что, в свою очередь, позволит создать новые возможности для трудоустройства населения.

На практике вышеупомянутые цели в области охраны окружающей среды, общественных услуг и социально-экономического развития будут достигнуты за счет поддержки инвестиций в замену дизельных автобусов и микроавтобусов, преобладающих в парке городского, пригородного или междугородного общественного транспорта. Современные транспортные средства будут работать на более чистом ископаемом топливе или на электричестве, вырабатываемом из возобновляемых источников энергии.

По результатам анализа рынков в рамках исследований, проведенных в каждой из целевых стран, было разработано до четырех групп проектов (портфелей разрабатываемых проектов)[1] по замене устаревшего парка городского, пригородного и междугородного общественного транспорта:

1. инвестиции в закупку транспортных средств, работающих на компримированном природном газе (КПГ)
2. инвестиции в закупку транспортных средств, работающих на сжиженном нефтяном газе (СНГ)
3. инвестиции в закупку транспортных средств, работающих на дизельном топливе, которое соответствует нормам выбросов Евро-5 и Евро-6
4. инвестиции в закупку транспортных средств с электродвигателем (троллейбусы и аккумуляторные троллейбусы).

Парк общественного транспорта в целевых странах постепенно устаревает. Поэтому предлагаемые портфели разрабатываемых проектов предназначены для поддержки закупок новых транспортных средств (автобусов, микроавтобусов и троллейбусов), а не для модернизации существующих двигателей. Обновление автобусного парка повысит надежность и эффективность общественного транспорта. В то же время внутренний рынок получит стимул к запуску производства или, по крайней мере, узловой сборки современных автобусов и троллейбусов.[2]

Предлагаемые портфели инвестиционных проектов должны быть подкреплены дополнительными инвестициями в развитие инфраструктуры. Сюда входит создание новых троллейбусных линий, станций заправки КПГ- и СНГ-топливом, а также станций зарядки электромобилей. Также следует принять вспомогательные меры по усовершенствованию транспортной системы в городах. Это, в частности, подразумевает создание выделенных полос для движения общественного транспорта, улучшение автобусных остановок и внедрение интеллектуальной системы управления уличным движением.

К примеру, расширение электропитающей сети троллейбусного транспорта с целью полного охвата городской территории является слишком дорогостоящим проектом. В наиболее отдаленных районах отсутствует доступ к электропитающей сети троллейбусного транспорта. Однако функционирование сети можно обеспечить за счет внедрения аккумуляторных троллейбусов. Несмотря на то, что эти троллейбусы оснащены аккумуляторами малой емкости, они стоят дешевле, чем электробусы.[3]

Программа государственных инвестиций рассчитана на реализацию в два этапа:

1. Первый (пилотный) этап будет осуществлен в специально отобранных пилотных городах и направлен, прежде всего, на улучшение внутригородского транспорта. Исходя из

результатов первого этапа будет принято решение о необходимости и возможности осуществления второго этапа в более широком масштабе.

2. Второй этап (расширение масштаба) является логическим продолжением пилотного этапа программы. Существует несколько возможных сценариев реализации данного этапа: можно сосредоточить внимание на дополнительных городах, располагающих сетями общественного транспорта (Казахстан), на пригородных районах пилотных городов (Кыргызстан, Молдова) или даже на некоторых междугородных автобусных линиях в масштабах страны (Кыргызстан, Молдова).

В Кыргызстане был разработан всего один безальтернативный сценарий реализации этапа расширения масштаба, в то время как в Казахстане и Молдове в рамках двухэтапного подхода были разработаны два альтернативных сценария: умеренный (Сценарий 1) и более амбициозный (Сценарий 2). В Казахстане Сценарий 2 предусматривал охват двух дополнительных городов и более глубокую модернизацию парка городского общественного транспорта (замена 10-летних автобусов вместо замены 15-летних автобусов согласно Сценарию 1). В Молдове Сценарий 2 предусматривал охват междугородних автобусных линий в дополнение к пригородному транспорту (в пилотных городах, отобранных согласно Сценарию 1). Междугородние автобусные линии служат в качестве заменителя сети общественного транспорта в других городах Молдовы. Схема реализации программы в Кыргызстане во многом аналогична той, что использовалась в Молдове. Однако в этом случае был разработан только один сценарий, поскольку данные по междугородным автобусным линиям, представленные на втором этапе, являются ориентировочными.

Началу первого этапа программы предшествует подготовительный период, в ходе которого необходимо включить программу в государственный бюджетный процесс, а также определить источники финансирования и сделать запрос на получение дополнительных финансовых ресурсов, в том числе от внешних доноров.

Пилотный этап рассчитан на один год после завершения одногодичного периода подготовки программы (Рисунок 2.1). Продолжительность этапа расширения масштаба варьируется в пределах от двух до пяти лет в зависимости от выбранного сценария и уровня. Реализация некоторых региональных мер на втором этапе может занять меньше времени, например, это касается города Ош в Кыргызстане. В любом случае для реализации программы потребуется шесть лет (плюс еще один год).

Рисунок 2.1. Предлагаемый график осуществления программы

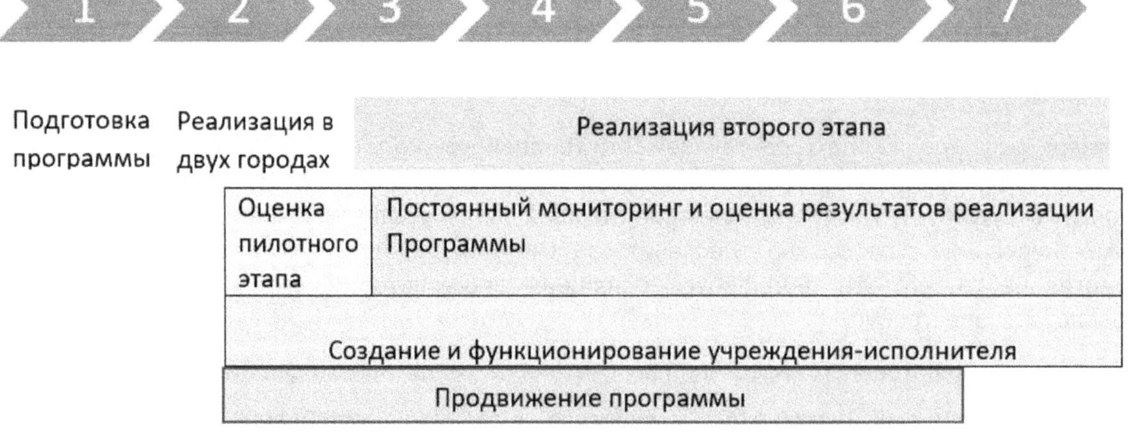

Источник: Разработка автора

Для осуществления второго этапа понадобится создание учреждения-исполнителя (УИ) программы на национальном уровне. Учреждение-исполнитель будет отвечать за продвижение программы, объявление конкурсов заявок, сбор заявок, оценку и отбор проектов, выделение средств на реализацию программы, а также проводить мониторинг и оценку результатов реализации программы.

Анализ зарубежного опыта в реализации аналогичных программ государственных инвестиций позволяет извлечь ценные уроки. Результаты анализа свидетельствуют о том, что подобные программы должны согласовываться с целями правительства и осуществляться в течение средне- и долгосрочного периода. Поэтому предполагается, что данная Программа ЭЧОТ будет реализована в течение пяти лет с последующим детальным анализом ее результатов. Затем будет принято решение о целесообразности продления или закрытия программы, исходя из возможных новых целей и задач правительства и тенденций рынка.

Кроме того, будет проводиться ежегодная итоговая оценка результатов реализации Программы ЭЧОТ, чтобы удостовериться в том, что отобранные и осуществляемые проекты способствуют достижению целей правительства. В случае необходимости будут приниматься меры по корректировке программы. Поскольку государство будет участвовать в софинансировании данной программы, корректировка должна осуществляться в соответствии с долгосрочным бюджетом и требованиями. Исходя из этого, следует составлять годовые планы финансирования в рамках регулярного годового бюджета.

Методические подходы к оценке стоимости природоохранных программ

Анализ различных государственных инвестиционных программ по охране климата приводит к выводу о возможности применения одного из трех нижеперечисленных методов для оценки их сметной стоимости:

- метод оценки «снизу-вверх»: сбор полевых данных (о потенциальных инвесторах, включая органы местного самоуправления, коммунальных предприятиях и т. д.) с последующим агрегированием данных на региональном и национальном уровнях
- метод оценки «сверху-вниз»: применение правил и процедур, позволяющих отбирать и осуществлять только те проекты, которые вписываются в рамки заданных параметров (масштаб, затраты на реализацию, влияние на окружающую среду)
- метод оценки по средней стоимости: общая стоимость имеющихся в наличии товаров делится на общее количество товаров, доступных для продажи (средневзвешенное значение).

Каждый из методов используется для оценки стоимости различных типов природоохранных инвестиционных программ.

Метод «снизу-вверх» подходит для оценки стоимости крупных инвестиций, которые не подлежат воспроизведению (репликации). Примером такой инвестиционной программы является внедрение системы сбора и очистки сточных вод, где для каждой конкретной местности требуется разный уровень затрат и применение индивидуальных решений. Следовательно, в таких случаях на местном уровне готовится отдельная предпроектная и проектная документация. Подобные инвестиции, как правило, предусматривают подготовку индивидуальных технико-экономических обоснований по каждому отдельному проекту.

Метод «сверху-вниз» используется в том случае, если инициатор программы выбирает между проектами в пределах узкого диапазона масштабов и затрат на реализацию. Программа может содержать несколько типов проектов, однако инициатор программы должен располагать детальной информацией по каждому типу. Наличие такой информации, как правило, обеспечивается путем проведения исследований или реализации пилотных проектов. Затем программа составляется из множества воспроизводимых и относительно малых элементов, главным образом путем закупки оборудования. Примером применения такого метода является финансирование строительства солнечного коллектора или фотоэлектрического устройства (солнечные батареи) на уровне домохозяйства, где стоимость квадратного метра солнечного коллектора или батареи хорошо известна.

Метод оценки по средней стоимости используется при внедрении множества воспроизводимых элементов, в то время как инициатор программы испытывает трудности при выборе между проектами в пределах узкого диапазона масштабов и затрат на реализацию. В качестве примера применения можно привести программу ЭЧОТ, направленную на закупку экологически чистых автобусов, которые могут отличаться друг от друга. Эти различия могут быть обусловлены особенностями процедуры закупок или разнообразием потребностей бенефициаров, например, в плане предпочтительных габаритов автобусов. Затем усредненный тип автобуса и средняя себестоимость единицы продукции (автобуса) используются для расчета стоимости программы. Для повышения точности результатов при расчете стоимости программы можно учесть более одного типа автобусов и среднюю себестоимость каждого из них.

Определение оптимального уровня субсидирования

Расчет оптимального уровня государственного участия в софинансировании закупок новых, более экологически чистых транспортных средств является важным элементом анализа. Согласно расчетам, доля государственных фондов в софинансировании не должна превышать показатели (Таблица 2.1). Эти показатели представляют собой оптимальный уровень субсидирования для каждого проекта. Они были рассчитаны с использованием модели OPTIC на основе чистой приведенной стоимости (ЧПС, от англ. NPV) каждого типа инвестиций.

Размер финансовой помощи (ставка субсидирования) должен стимулировать капиталовложения со стороны бенефициаров, а не служить в качестве их заменителя. Данный расчет позволит определить оптимальный уровень субсидирования, поощряющий потенциальных бенефициаров к участию в Программе ЭЧОТ без намерения извлечь прибыль из субсидий. По этой причине уровень субсидирования следует свести к абсолютному минимуму. Этот оптимальный минимум можно определить как уровень поддержки, обеспечивающий финансовую жизнеспособность экономически и экологически значимых проектов.

При расчете оптимального уровня субсидирования учитываются предельные издержки на новые, экологически чистые автобусы по сравнению со старыми моделями автобусов и текущая цена единицы топлива. Модель следит за тем, чтобы замена старых автобусов не привела к финансовым потерям оператора общественного транспорта. Таким образом, социальная ставка дисконтирования на уровне 5-10% используется для определения чистой приведенной стоимости (ЧПС) типичного проекта (например, замена старых автобусов на автобусы, работающие на КПГ- и СНГ-топливе или на дизельные автобусы стандарта Евро-6). Данная ставка дисконтирования аналогичная той, что используется другими государственными финансовыми учреждениями, которые участвуют в реализации подобных инвестиционных проектов.

Вставка 2.1. Определение оптимального уровня субсидирования

Уровень субсидирования должен быть достаточным для привлечения заявок потенциальных инвесторов и бенефициаров на получение финансовой поддержки в рамках Программы ЭЧОТ, но при этом реализуемые проекты не должны быть прибыльными. Оценка заданного проекта начинается с расчета чистой приведенной стоимости (ЧПС) путем суммирования ожидаемых чистых потоков денежных средств (приток наличности / поступления минус отток денежных средств / затраты) за период выполнения проекта. Затем чистый поток денежных средств дисконтируется при помощи учетных ставок, отражающих стоимость займа эквивалентной процентной ставки на рынке капитала. Инвестиция принесет доход, если значение ЧПС является положительным. Все меры, которые приводят к положительному значению ЧПС при использовании ставки дисконтирования, соответствующей примененной норме прибыли, могут рассматриваться как выгодные.

ЧПС (NPV) рассчитывается по следующей формуле:

$$\mathrm{NPV} = \sum_{i=1}^{n} \left(NCF_i \times \frac{1}{(1+r)^i} \right)$$

где:

- NCFi – чистый приток наличности в i-м году
- r – ставка дисконтирования.

При использовании дисконтирования нужно учитывать два фактора: ожидания инвесторов относительно данной меры и значение ЧПС, которое должно быть больше нуля в течение периода эксплуатации.

Расчет уровня субсидирования должен основываться на экономических принципах. Если проект является социально значимым, но не приносит прибыли бенефициару, субсидия должна обеспечить его минимальную прибыльность. Другими словами, финансовая чистая приведенная стоимость с учетом субсидии должна быть приблизительно равной нулю кыргызских сомов. Это означает, что проект обеспечит приемлемую норму прибыли для инвестора (промоутера проекта).

Модуль «определение уровня субсидирования» использует этот принцип путем проведения простого финансового анализа притока и оттока наличности за каждый анализируемый год. Приток наличности (поступления), генерируемый проектом, включает в себя экономию топлива, выраженную в виде денег, сэкономленных покупателями (поставщиками услуг общественного транспорта). Что касается оттока наличности (расходов), простой финансовый анализ суммирует разницу в инвестиционных затратах на экологически чистые и традиционные автобусы, которые были подсчитаны в других модулях. В данном модуле субсидия включается в отток наличности как отрицательное значение.

Предполагалось, что инвестиции в рамках проекта будут осуществляться в течение первого года реализации проекта, а сэкономленные средства будут накапливаться в равных количествах в течение 9 последующих лет реализации проекта. Суммарно анализируемый период составляет 10 лет, что является стандартной продолжительностью жизненного цикла для данного типа проекта. Субсидия рассчитывается таким образом, чтобы результат расчета ЧПС был равен нулю кыргызских сомов.

Данный подход к расчету субсидии позволит избежать чрезмерного инвестирования государственных средств и в то же время обеспечит условия, при которых субсидия не будет слишком прибыльной для инвесторов, но при этом окажется достаточным инвестиционным стимулом для потенциальных бенефициаров. Важно, чтобы уровень субсидирования использовался лишь в качестве необходимого рычага влияния на отдельных потенциальных бенефициаров с целью поощрить их к инвестированию средств в экологически чистый транспорт.

Источник: Разработка автора

В контексте расчета оптимального уровня субсидирования следует упомянуть о двух важных моментах. Во-первых, у операторов общественного транспорта, которые уже провели модернизацию своих автопарков, скорей всего не возникнет необходимости в замене автобусов в ближайшем будущем поскольку в ходе модернизации все старые автобусы, прежде всего, автобусы старше 15 лет уже были заменены. Поэтому при расчете уровня субсидирования учитывается только разница в цене между современными экологически чистыми автобусами и традиционными автобусами.[4] Во-вторых, некоторые виды топлива будут стоить дешевле, чем дизельное топливо. Например, КПГ- и СНГ-топливо стоит дешевле дизельного топлива даже с учетом повышенного расхода. Следовательно, экономия средств при покупке топлива перевозчиками также учитывается при расчете уровня субсидирования.

Потребность в финансировании, варианты и источники финансирования

Результаты анализа свидетельствуют о том, что общие затраты на реализацию программы ЭЧОТ будут весьма существенными. В Казахстане для реализации второго этапа программы (расширение масштаба) из государственных фондов нужно будет выделить примерно 41 818 млн тенге (121.98 млн долларов США) согласно Сценарию 2. В Молдове, согласно Сценарию 2, потребуется государственное финансирование в размере 2 394 - 5 542 млн леев (129.4 - 299.6 млн долларов США). В Кыргызстане необходимый объем государственного финансирования составляет 3 762 млн сомов (54.63 млн долларов США).

Следовательно, трем целевым странам будет непросто покрыть все вышеупомянутые расходы исключительно за счет собственных средств. Им понадобится финансовая и гарантийная поддержка, в том числе со стороны международных государственных фондов.

По результатам анализа были определены два возможных варианта финансирования портфелей проектов в рамках Программы ЭЧОТ. В первом варианте предполагается задействовать местный банковский сектор, а во втором варианте – нет. Предлагаются следующие комбинации инструментов финансирования:

- Вариант 1. Коммерческие кредиты в сочетании с государственной поддержкой в виде кредитных гарантий и субсидии относительно меньшего размера с целью помочь операторам общественного транспорта в погашении части кредита (Рисунок 2.2).
- Вариант 2. Государственная поддержка в виде субсидии относительно большего размера с целью поощрения более крупных капиталовложений в закупку экологически чистых транспортных средств со стороны операторов общественного транспорта. Как правило, для закупки экологически чистых транспортных средств требуются более крупные начальные инвестиции с точки зрения затрат на приобретение, однако они дешевле в эксплуатации с точки зрения стоимости топлива (Рисунок 2.3).

В целом, инвестиционная программа предусматривает государственные субсидии, коммерческие и льготные кредиты и государственные гарантии по кредитам в качестве наиболее целенаправленных вариантов поддержки. Доступ к финансированию можно получить, главным образом, через национальные государственные органы (субсидии) или международные финансовые институты и институты развития (льготные кредиты и гранты). Вариант 1 дает возможность немедленно приступить к реализации программы, однако он рекомендуется только для Молдовы (Таблица 2.1). В будущем привлечение национальных коммерческих банков (коммерческие кредиты) вместе с национальными государственными органами (гарантии по кредитам) позволить расширить схему и варианты финансирования программы в Казахстане и Кыргызстане.

Таблица 2.1. Сводные данные об уровне государственной поддержки Программ ЭЧОТ

	Казахстан	Кыргызстан	Молдова	
Портфель программы	Государственное участие в софинансировании	Государственное участие в софинансировании	Государственное участие в софинансировании (Вариант 1)	Государственное участие в софинансировании (Вариант 2)
Троллейбусы	н.д.	80%	25% + кредитная гарантия	50%
Автобусы (микроавтобусы*) с КПГ-двигателями	48%	37%	25% + кредитная гарантия	60%
Автобусы (микроавтобусы*) с СНГ-двигателями	48%	39%	25% + кредитная гарантия	55%
Автобусы (микроавтобусы*) с дизельными двигателями (стандарта Евро-5/V и Евро6/VI)	81%	65%	25% + кредитная гарантия	75%
Станции заправки КПГ-топливом	100%, если количество используемых КПГ-автобусов меньше 100**	Обеспечиваются частным сектором	Обеспечиваются частным сектором	
Станции заправки СНГ-топливом	Обеспечиваются частным сектором	Обеспечиваются частным сектором	Обеспечиваются частным сектором	
Вспомогательные инвестиции	Обеспечиваются городскими властями	Обеспечиваются городскими властями	Обеспечиваются городскими властями	

Примечание: Процентные значения отображают уровень государственного участия в финансировании закупок автобусов; *закупка микроавтобусов предусмотрена только для Молдовы;**и наоборот, доля частного сектора в финансировании составляет 100%, если количество КПГ-автобусов больше 100.
Источник: расчеты специалистов ОЭСР, модель OPTIC.

Согласно Варианту 1, кредитные гарантии являются особенно важным элементом в механизме финансирования Программы ЭЧОТ в Молдове. Общая сумма финансовой помощи, выделяемой в виде субсидий, не столь уж велика. Однако Министерство финансов как основной гарант государственного долга может выдавать гарантии по банковским кредитам. Это позволит решить проблему низкой кредитоспособности небольших муниципалитетов и частных операторов общественного транспорта в дополнение к муниципальным операторам транспорта в Кишиневе и Бельцах. Поэтому привлечение Министерства финансов к разработке программы имеет крайне важное значение.

Предлагаемая к рассмотрению кредитная гарантия состоит из двух компонентов:

- фиксированная стоимость выдачи гарантии (0.5% от суммы кредита)
- стоимость выданной гарантии в случае неисполнения обязательств заемщиками (5% от суммы кредита, предоставленного банком).

Вышеуказанные процентные ставки основываются на международном опыте реализации аналогичных программ. Предлагаемая стоимость гарантии в размере 5% от суммы кредита является довольно низкой, однако она вполне достижима при условии, что правительство установит строгие условия выдачи кредитов. Это приведет к снижению штрафной процентной ставки. В любом случае, если возникнет необходимость в изменении процентных ставок, все основные параметры программы (например, общая стоимость программы, уровень субсидирования) нужно будет рассчитать заново.

Банки подпишут договоры с Министерством сельского хозяйства, регионального развития и окружающей среды (МСХРРОС) о предоставлении кредитных гарантий. Возможные источники финансирования банковских кредитов:

- собственные средства банков
- привлечение банками кредитов международных финансовых институтов (МФИ).

Рисунок 2.2. Вариант 1 – Финансирование за счет коммерческих кредитов

Источник: Разработка автора

Рисунок 2.3. Вариант 2 – Финансирование за счет собственных средств и государственных субсидий

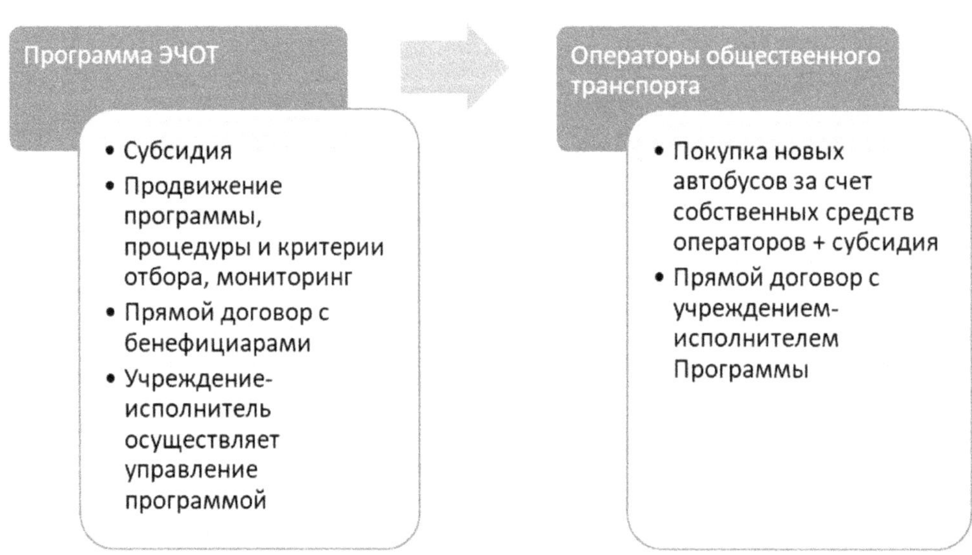

Источник: Разработка автора

Модель OPTIC

Модель OPTIC, созданная на базе электронных таблиц, предназначена для расчета стоимости и оценки экологического воздействия Программы ЭЧОТ. Модель можно применять для расчета стоимости следующих портфелей проектов:

- Замена устаревшего городского автобусного парка на современные транспортные средства, работающие на более чистых видах ископаемого топлива и энергоносителях, включая следующие:
    - компримированный природный газ (КПГ)
    - сжиженный нефтяной газ (СНГ)
    - дизельное топливо стандарта Евро-5/6 (с возможностью импорта)
    - электричество (троллейбусы).
- Поскольку автобусный парк в странах-партнерах постепенно устаревает, предлагаемые портфели проектов направлены на финансирование закупок новых автобусов, а не ограничиваются модернизацией уже используемых автобусных двигателей.
- Не исключается возможность использования микроавтобусов, которые сейчас занимают доминирующее положение в секторе общественного транспорта, однако предпочтение отдается стандартным автобусам (длиной >10 м).

Только инвестиционные проекты могут считаться приемлемыми для финансирования в рамках данной программы, то есть проекты, связанные с капитальными затратами. Учреждение-исполнитель программы будет пересматривать перечень приемлемых проектов на ежегодной основе, чтобы удостовериться в соответствии выявленных типов проектов целям национальной экологической, климатической и энергетической политики.

Модель OPTIC представляет собой простой в использовании инструмент поддержки принятия решений. Модель используется исключительно для оценки стоимости программы, а также для расчета показателей сокращения выбросов CO_2 и других загрязняющих веществ (CO, NO_x, ТЧ, SO_2), генерируемых городским общественным транспортом.

Вставка 2.2. Модель OPTIC

Модель оптимизации инвестиционных затрат на общественный транспорт (OPTIC) была разработана в рамках данного исследования и является одним из главных результатов проекта.

Модель OPTIC, созданная на базе электронных таблиц, представляет собой простой и удобный в применении инструмент поддержки процесса принятия решений. Модель предназначена для оценки и оптимизации общих затрат по программе, а также для расчета показателей сокращения выбросов CO_2 и других вредных выбросов (CO, NO_x, ТЧ, SO_2) городского общественного транспорта, которые могут быть достигнуты за счет реализации предлагаемых портфелей проектов. Модель также позволяет рассчитать оптимальный уровень субсидирования для потенциальных бенефициаров.

Оптимизация затрат и ожидаемых выгод подразумевает достижение заданных целей при минимально возможных затратах средств государственного бюджета. В случае существенного изменения экономической конъюнктуры страны в период реализации программы (например, повышение тарифов, снижение процентных ставок по коммерческим кредитам), целевые показатели и уровни субсидирования могут быть заново пересчитаны (оптимизированы) и скорректированы соответствующим образом.

Модель состоит из семи модулей: i) исходные допущения; ii) коэффициенты выбросов, iii) обзор транспортного сектора с информацией о текущем состоянии и возрасте автобусного парка; iv) определение уровня субсидирования; v) расчет затрат; vi) расчет объема сокращения вредных выбросов; vii) оценка стоимости программы и ее воздействия на окружающую среду.

На рынке существуют похожие модели, предназначенные для расчета объема сокращения выбросов ПГ в разрезе отдельных стран или групп стран. В этих моделях основное внимание уделяется выбросам ПГ в секторе промышленности, а также учитываются различные сценарии экономического развития страны. Однако эти модели не подходят для целей данной инвестиционной программы, поскольку программа направлена на сокращение вредных выбросов, генерируемых исключительно городским общественным транспортом.

Данную модель можно использовать двояко. С одной стороны, модель позволяет рассчитать оптимальный объем сокращения выбросов ПГ в рамках заданного бюджета программы. С другой стороны, она помогает оптимизировать бюджет программы с учетом предполагаемого объема сокращения выбросов ПГ. Модель представляет собой аналитический инструмент, способствующий принятию прозрачных и взвешенных решений. В то же время модель позволяет рассчитать оптимальный уровень субсидирования, который будет побуждать потенциальных бенефициаров к осуществлению необходимых инвестиций.

Общая структура и применение модели OPTIC

Модель OPTIC состоит из 7 модулей: *(i)* исходные допущения; *(ii)* коэффициенты выбросов, *(iii)* обзор транспортного сектора с информацией о текущем состоянии и возрасте автобусного парка; *(iv)* определение уровня субсидирования; *(v)* расчет затрат; *(vi)* расчет объема сокращения вредных выбросов; *(vii)* оценка стоимости программы и ее воздействия на окружающую среду. Модель была разработана в программе Excel и использует макросы. Пользователь должен заполнить ячейки, выделенные желтым цветом в таблицах Excel.

1. Исходные допущения
2. Коэффициенты выбросов

Поскольку данная модель использует метод оценки по средней стоимости, пользователи должны ввести информацию о средних ценах на новые КПГ-автобусы, СНГ-автобусы, дизельные автобусы с двигателями стандарта Евро-4/IV и троллейбусы. Модель предполагает возможность введения двух разных значений габаритов автобусов: стандартные автобусы и микроавтобусы.

Затем пользователи вводят информацию о среднем расходе топлива по каждому типу автобусов. Данная информация также должна включать в себя средний расход топлива у старых дизельных автобусов, которые будут заменены. Для целей данной модели старые (действующие) дизельные автобусы были разделены на несколько возрастных категорий: новые, старше 5 лет, старше 10 лет и старше 15 лет.

Далее нужно ввести информацию о затратах на топливо для каждого типа автобусов, а также данные о среднем суточном пробеге одного автобуса (kpvpd).

После ввода данных об исходных допущениях пользователь заполняет информацию об удельных выбросах автобусов. Модель предлагает рекомендуемые значения по умолчанию, которые можно отредактировать в зависимости от специфики конкретной страны.

3. Обзор транспортного сектора с информацией о текущем состоянии и возрасте автобусного парка

Затем необходимо ввести информацию о текущем состоянии городского общественного транспорта с разбивкой по типам автобусов.

4. Уровень субсидирования

Модель включает в себя модуль определения уровня субсидирования. Здесь учитываются инвестиционные затраты и средства, которые могут быть сэкономлены операторами общественного транспорта за счет замены старых автобусов. Использование новых автобусов, работающих на альтернативных видах топлива, является более экономически-эффективным решением благодаря технологическим усовершенствованиям и более низкой цене на КПГ- и СНГ-топливо по сравнению с дизельным топливом.

5. Расчет затрат

Модуль расчета затрат показывает предполагаемые инвестиционные расходы и необходимый уровень субсидирования в рамках программы. Эта информация предоставлена в виде таблицы, которая содержит данные об общественном транспорте страны, о количестве подлежащих замене автобусов, о типах новых автобусов, о совокупных инвестиционных расходах, об уровне субсидирования и чистой стоимости для бенефициаров. В данном модуле пользователи просто вводят фактическую информацию без принятия каких-либо решений по программе.

6. Расчет объема сокращения вредных выбросов

Данный модуль показывает информацию о предполагаемом годовом сокращении вредных выбросов с разбивкой по видам загрязняющих веществ.

7. Оценка стоимости программы и ее воздействия на окружающую среду

Данный модуль обеспечивает поддержку процесса принятия решений по автоматическому расчету затрат на реализацию программы и введению ручных настроек.

Пользователи могут задать значение одного из нижеследующих целевых показателей программы:

- инвестиционные затраты
- бюджет субсидирования (объем финансирования субсидий)
- объем сокращения выбросов CO_2
- объем сокращения выбросов CO

- объем сокращения выбросов NO_x
- объем сокращения выбросов $ТЧ_{2.5}$
- объем сокращения выбросов SO_2.

При нажатии кнопки «Пуск» (“Go”), расположенной справа от соответствующего целевого показателя, модель рассчитывает необходимый объем финансирования программы для достижения данной цели, при этом другие целевые показатели программы не принимаются в расчет.

Алгоритм расчета стоимости программы выглядит следующим образом:

- модель анализирует информацию о состоянии общественного транспорта по каждому городу. Анализ информации проходит три рабочих цикла: анализ данных по городским маршрутам, анализ пригородных маршрутов и анализ междугородных маршрутов.
- модель определяет, обладает ли город достаточным потенциалом для внедрения КПГ-автобусов. Если ответ «да», модель предлагает заменить один старый автобус на один новый КПГ-автобус.
- предыдущий шаг повторяется до тех пор, пока цель не будет достигнута или пока все старые автобусы в рамках данного цикла не будут заменены на новые.
- если город не обладает достаточным потенциалом для внедрения КПГ-автобусов, модель повторяет те же шаги, но уже применительно к автобусам с дизельными двигателями стандарта Евро-6.
- если город не обладает достаточным потенциалом для внедрения КПГ-автобусов или дизельных автобусов стандарта Евро-6, модель повторяет те же шаги, но уже применительно к автобусам, работающим на СНГ-топливе.

Результаты расчета стоимости будут представлены в виде Excel-таблицы, содержащей основные данные о количестве новых автобусов, инвестиционных затратах, уровне субсидирования и объемах сокращения вредных выбросов за год.

Пользователи могут внести изменения в разрабатываемые портфели проектов путем ввода собственной информации о количестве новых автобусов. Затем расчеты производятся заново с учетом нововведенных данных.

Потенциал использования модели OPTIC в будущем

Модель OPTIC хорошо продумана, однако она имеет узкую направленность с акцентом на разработку программ поддержки экологически чистого общественного транспорта. Модель включает в себя четыре предопределенных направления разрабатываемых портфелей проектов (внедрение КПГ-автобусов, СНГ-автобусов, современных дизельных автобусов и троллейбусов) и два варианта габаритов автобусов (стандартные автобусы и микроавтобусы). Руководство пользователя является одной из составляющих странового отчета по конкретным программам.

Если разработка будущих программ выйдет за рамки предопределенных направлений портфелей проектов, например, в случае внедрения электроавтобусов, потребуется внести коррективы в модель OPTIC. Корректировку может выполнить эксперт, который хорошо знает программу Excel и владеет навыками применения макросов. Навыки работы в Excel также понадобятся при разработке различных сценариев программы.

Программа может также основываться на вышеописанных принципах и сводится к одному из предопределенных направлений, включенных в модель OPTIC. В таком случае модель можно использовать для расчета затрат, оценки возможных экологических эффектов и разработки различных сценариев соответствующих программ.

Учебные материалы

Цель учебных материалов заключалась в том, чтобы дать участникам семинара более глубокое понимание проблем, связанных с разработкой государственных инвестиционных программ.

Учебные материалы включают в себя три основные составляющие:

1. разработка среднесрочных и долгосрочных программ государственных природоохранных расходов
2. реализация программ природоохранных расходов с упором на управление проектным циклом
3. выполнение практических упражнений.

Учебные материалы частично основываются на *«Руководстве по оценке экологических проектов, финансируемых из государственных фондов»* (*Handbook for Appraisal of Environmental Projects Financed from Public Funds* (OECD, 2007[1]). Руководство предназначено для оказания помощи правительственным учреждениям в разработке и реализации программ государственных природоохранных (инвестиционных) расходов, а также в осуществлении надзора и оценке эффективности учреждений-исполнителей подобных программ. Кроме того, учебные материалы основываются на исследовании ОЭСР относительно возможностей и препятствий для включения многолетних государственных экологических программ в среднесрочные прогнозы расходов. Данные программы были внедрены в ряде стран Восточной Европы, Кавказа и Центральной Азии (ВЕКЦА).

Обобщенные результаты данного исследования содержатся в отчете *«Озеленение государственных бюджетов в странах ВЕКЦА»* (*Greening public budgets in Eastern Europe, Caucasus and Central Asia* (OECD, 2011[2]). Этот отчет нацелен на оказание помощи природоохранным органам стран ВЕКЦА в использовании потенциальных выгод от текущих реформ государственных финансов в регионе. Выгоды описываются с точки зрения среднесрочного планирования бюджета с ориентацией на результат. Таким образом, учебные материалы предназначены как для лиц, ответственных за принятие решений и установление правил в отношении программ расходов, так и для менеджеров, занимающихся вопросами оценки, отбора и финансирования проектов на повседневной основе.

Упражнения

Учебные материалы включали в себя два упражнения, которые использовались для обучения участников практическим навыкам.

Первое упражнение заключалось в разработке программы государственных природоохранных расходов, включая определение целей, задач, конкретных целевых показателей и приоритетных направлений. Участникам был дан пример проблемы, на основании которой они построили «дерево проблем», «дерево целей и задач», а также составили проект логико-структурной матрицы. Затем участники сформулировали цели для указанной программы, делая упор на показатели, количество, качество, временные рамки и источники верификации. В заключение участники рассчитали стоимость гипотетической программы.

Второе упражнение было сосредоточено на оценке проекта с применением различных показателей экологической эффективности. Участники проанализировали и проранжировали 5 различных проектов на основании следующих трех критериев: динамически генерируемые затраты, сокращение вредных выбросов / инвестиционные расходы, сокращение вредных выбросов / среднегодовые затраты.

Для выполнения данного упражнения участники использовали электронные таблицы Excel и программное обеспечение «Динамически генерируемые затраты» (DGC).

Из-за временных ограничений участники тренинга выполняли упражнения в сокращенном виде.

Программный инструментарий

На учебных семинарах проводилась презентация модели OPTIC. Кроме того, данная модель была предоставлена в распоряжение участников на USB-носителях. Руководство пользователя было одной из составляющих отчета по программе.

Программное обеспечение DGC, разработанное для предыдущих тренингов ОЭСР, предназначалось для оказания помощи в расчете показателей экологической эффективности, в частности, показателя динамически генерируемых затрат. Поскольку сектор общественного транспорта является основным направлением реализации трех программ, программный инструмент DGC был адаптирован под данную специфику.

Руководство пользователя было одной из составляющих учебных материалов.

Участники

Поскольку обучающий семинар проводился вслед за презентацией программы, в обоих мероприятиях, как правило, участвовала одна и та же группа лиц. Презентация программы и тематических исследований представляла интерес для более широкой аудитории, включая высоких должностных лиц профильных министерств. Второй день обучающего семинара был посвящен вопросам подготовки программы, управления проектным циклом и отбора конкретных проектов. Эти вопросы вызывали особый интерес у специалистов из профильных министерств, представителей городских властей, неправительственных организаций и других учреждений. Кроме того, в городе Бельцы проводился дополнительный тренинг с участием восьми человек, имеющих непосредственное отношение к сектору городского общественного транспорта.

Отбор участников тренинга оказался непростой задачей. Первый выбор пал на экспертов из профильных министерств, ответственных за охрану окружающей среды. Представителей прочих министерств, заинтересованных в реализации программы (таких как министерство транспорта, министерство экономики), выбирали в качестве участников во вторую очередь. Однако ни в одной из стран, где осуществлялись программы, не было соответствующего учреждения-исполнителя или организации, которая могла бы взять на себя данную роль. Лишь Молдова имеет большой опыт сотрудничества с действующими экологическими (и другими) фондами. Однако нехватка персонала и масштабные изменения в министерствах привели к отсутствию профильных экспертов на семинаре. Таким образом, окончательный выбор участников обучающего семинара оказался неоптимальным, особенно в части касающейся тренинга по реализации программы.

Проблемы с обеспечением присутствия участников также были обусловлены проведением семинара в период летних отпусков. В результате представители Министерства финансов и Министерства транспорта и дорог Кыргызской Республики не смогли присутствовать на семинаре, проводившемся в июле 2018 года.

Если страны смогут подготовить программы и создадут или выберут соответствующее учреждение-исполнитель, возникнет необходимость в оказании дополнительной поддержки и проведении дополнительных тренингов для экспертов.

Примеры передового опыта

В процессе разработки и управления программами «зеленых» государственных инвестиций финансирующие организации должны соблюдать минимальные требования к обеспечению прозрачности и экономической эффективности государственных расходов, следуя передовой международной практике. Основными элементами передовой международной практики являются:

- четко определенные цели – конкретные, измеримые, реалистичные, привязанные к определенным срокам, а также приоритеты – немногочисленные и недвусмысленные
- четко определенные временные рамки реализации программы
- подробный расчет затрат на достижение целей
- указанные источники финансирования, приемлемые типы проектов и приемлемые бенефициары
- четко определенные условия финансирования, в том числе финансовые инструменты (приемлемая форма субсидирования), потребность в совместном финансировании, минимальный / максимальный уровень финансовой поддержки
- хорошо задокументированные принципы, правила и оперативные процедуры для управления проектным циклом
- четко определенные и надежные критерии оценки, отбора и финансирования инвестиционных проектов (OECD, 2007[1]).

Программа государственных инвестиций состоит из двух основных этапов: анализ и проектирование (определение основных элементов) и реализация. Для успешной реализации программы органы государственной власти должны выбрать наилучший институциональный механизм, обеспечить стабильные и предсказуемые источники финансирования и нанять квалифицированных менеджеров. Хотя все эти элементы кажутся довольно очевидными и логичными, их практическое применение часто оказывается довольно проблематичным.

В недавнем прошлом ОЭСР разработала несколько практических инструментов, включая руководство (модели) по расходованию средств, способствующие эффективному использованию государственных ресурсов в рамках программ, финансируемых государством (Вставка 2.2). Методология расчета затрат (модель OPTIC), разработанная для оценки стоимости Программ ЭЧОТ, основывается на результатах ранее проделанной работы в этой области (например, на руководствах по использованию передового опыта). Данная методология является дополнением к уже существующему набору инструментов поддержки, предлагаемых странам-партнерам ОЭСР.

Вставка 2.3. Инструментарий ОЭСР для повышения эффективности «зеленых» государственных инвестиций в странах ВЕКЦА

ОЭСР оказывала поддержку странам Восточной Европы, Кавказа и Центральной Азии (ВЕКЦА) в вопросе улучшения качества управления государственными ресурсами, выделяемыми для «зеленых» инвестиций. В распоряжении ОЭСР имеется ряд практических инструментов, способных помочь в разработке государственных инвестиционных программ:

- Передовая практика в области управления государственными природоохранными расходами (OECD, 2006[3]).
- Руководство по оценке экологических проектов, финансируемых из государственных фондов (OECD, 2007[1]).

ОЭСР также создала модель на базе электронных таблиц Excel, известную под названием «Модель оптимизации инвестиционных затрат на общественный транспорт» (OPTIC) и методологию для оказания помощи в разработке программ «зеленых» инвестиций в секторе общественного транспорта. Данная методология, разработанная в рамках исследования рынка Казахстана, предназначена для расчета основных финансовых и экологических параметров программы.

В помощь участникам тренинга была подготовлена подборка тематических исследований по странам ЕС, дающих лучшее понимание того, что представляет собой хорошо подготовленная программа «зеленых» инвестиций. В следующих ниже разделах представлен краткий обзор трех тематических исследований, а также приводятся примеры удачных и неудачных программ.

Австрия

«Зеленые» субсидии в транспортном секторе Австрии финансируются в рамках реализации различных программ, утверждаемых на уровне федерального правительства, федеральных земель (*Länder*) и муниципалитетов.

Программа федерального уровня «*klimaaktiv mobil*» осуществляется в рамках более широкой инициативы по охране климата «*klimaaktiv*», разработанной Министерством окружающей среды (в настоящее время – Министерство по вопросам устойчивого развития и туризма) в сотрудничестве с Министерством финансов. Программа реализуется при поддержке Австрийского фонда климата и энергетики и Министерства транспорта. Австрийская программа устойчивого развития сельских территорий на 2014–2020 гг. участвует в совместном финансировании некоторых проектов «*klimaaktiv*» за счет средств Европейского аграрного фонда развития сельских районов и стимулирует развитие «зеленой» мобильности в сельской местности.

Программа «*klimaaktiv mobil*» оказывает финансовую поддержку австрийскому бизнесу, а также городам, поселкам, муниципалитетам, регионам и частным лицам. Данная программа поощряет переход на использование экологически чистого электротранспорта, развитие велоспорта, внедрение интеллектуального управления мобильностью и инновационных мобильных услуг. Кроме того, она включает в себя консалтинговые и информационно-просветительские программы, установление партнерских отношений, а также реализацию инициатив по обучению и сертификации.

Портфель программ финансовой поддержки «*klimaaktiv mobil*» включает в себя следующие направления деятельности:

- комплекс мер по развитию электротранспорта с использованием возобновляемых источников энергии
- инвестиции в экологически чистые автопарки и станции зарядки электромобилей
- безопасное для климата управление мобильностью на предприятиях (отраслевые решения, меры по усовершенствованию логистики, билеты на проезд в общественном транспорте для сотрудников предприятия, управление автопарком и т. д.)
- безопасное для климата управление мобильностью в сфере туризма (транспортные линии с челночным движением и т. д.)
- каршеринг (групповое пользование автомобилями)
- популяризация велоспорта.

Финансовая поддержка осуществляется на основании модели фиксированных выплат или модели ставок финансирования.

Модель фиксированных выплат применяется при реализации основных целевых проектов, таких как внедрение электротранспорта, транспортных средств, работающих на альтернативных видах топлива, или строительство станций зарядки электромобилей. Размер финансовой помощи зависит от габаритов транспортного средства и используемой технологии. Таблица 2.2 представляет обзор фиксированных ставок финансирования, действовавших до конца июля 2018 года.

Таблица 2.2. Ключевые параметры государственной поддержки в рамках австрийской программы «klimaaktiv mobil»

Единовременные выплаты за транспортные средства	Евро
Покупка транспортных средств (доля потребления топлива из возобновляемых источников энергии – 100%)	1 500*
Адаптация транспортных средств (доля потребления биодизеля – не менее 50%)	200
Адаптация транспортных средств (доля потребления биогаза – не менее 50%)	1 000 – 5 000
Адаптация или покупка гибридных транспортных средств (доля потребления биотоплива – не менее 50%)	600 – 10 000
Покупка электробусов вместимостью до / свыше 39 пассажиров (доля потребления топлива из возобновляемых источников энергии – 100%)	40 000 / 60 000

Примечание: *Плюс дополнительный финансовый вклад импортеров в размере 1 500 евро.
Источник: Данные КРС

Проекты с более широким охватом получают стандартизированную финансовую поддержку в размере 20% от природоохранных инвестиционных расходов. Данная ставка финансирования может быть увеличена до максимального уровня 30% с выделением дополнительного финансового бонуса (в размере 5% на каждый случай) в следующих случаях:

- проект предусматривает комбинированное применение, как минимум, 2 различных экологических мер
- в рамках проекта будут проводиться информационно-просветительские мероприятия
- в проекте участвуют другие компании или заинтересованные стороны.

Однако максимальный размер финансовой субсидии также может быть ограничен в соответствии с уровнем положительного воздействия на окружающую среду:

- 450 евро/год на сокращение 1 тонны выбросов CO_2 + 50 евро/год на сокращение 1 тонны выбросов NO_x + 10 евро/год на сокращение 1 кг выбросов пыли.

Управление механизмом финансовой помощи в рамках программы «*klimaaktivmobil*» осуществляется частной компанией «Коммуналкредит Паблик Консалтинг ГмбХ» (Kommunalkredit Public Consulting GmbH). Это, в частности, подразумевает проведение технической и финансовой оценки заявок на получение субсидии и подачу заявок на рассмотрение в Министерстве окружающей среды. Сюда также входит фидуциарное управление, в том числе, распределение субсидий в течение всего срока действия договоров.

Успехи, достигнутые благодаря реализации программы, начиная с 2016 года:

- около 12 000 поддерживаемых проектов
- финансирование программ мобильности на сумму около 100.5 млн евро + 7.6 млн евро за счет фондов ЕС
- предотвращен выброс примерно 2.7 млн тонн CO_2
- создано или сохранено около 6 000 так называемых «зеленых» рабочих мест.

Прочие достижения, связанные с реализацией программы:

- получены две награды за передовой европейский опыт
- сделан весомый вклад в достижение энергетических, климатических и экологических целей Европейского союза и Австрии
- оказана помощь в вопросах защиты окружающей среды и противодействия изменению климата
- создан важный стимул к развитию экологически чистой мобильности
- улучшено качество жизни граждан.

Среди факторов успешности программы можно выделить следующие:

- сотрудничество с импортерами автомобилей и двухколесного транспорта, а также с ритейлерами спортивных товаров по вопросам финансирования электротранспорта
- проведение огромного количества информационно-просветительских кампаний, направленных на популяризацию «зеленого» транспорта, с привлечением различных видов СМИ и заинтересованных сторон
- установление партнерских отношений с такими организациями, как Палата экономики Австрии, Институт содействия развитию экономики, Ассоциации городов и муниципалитетов и т. д.

Чехия

В Чешской Республике сложно выделить какую-то одну программу. Однако наличие эффективного механизма координации уже приносит многообещающие результаты. Ключевыми участниками и законодателями в области устойчивого развития транспорта являются следующие три министерства:

- Министерство промышленности и торговли:
    - В 2005 году правительство одобрило «Программу поддержки альтернативных видов топлива на автомобильном транспорте – природный газ».
    - В 2015 году Министерство разработало Национальный план действий по экологически чистому транспорту: к 2020 году доля КПГ-топлива в общем объеме потребления энергии в транспортном секторе должна достичь 10%, а совокупная доля всех альтернативных видов топлива – 20-23%.
- Министерство транспорта:

    - Провело переговоры с Европейской комиссией на предмет возможности и способов софинансирования программ по развитию сетей заправочных станций / станций зарядки электромобилей в Чехии за счет фондов ЕС.
- Министерство финансов:
    - Регулирование ставок НДС, дорожных и акцизных налогов, а также платы за пользование автомагистралями.
    - В 2016 году Министерство транспорта и 9 газораспределительных компаний подписали соглашение об обеспечении всех операторов общественного транспорта, эксплуатирующих не менее 4 КПГ-автобусов, станциями заправки КПГ-топливом при условии, что один автобус потребляет не менее 100 000 м³ КПГ-топлива в год. Таблица 2.3 показывает минимально необходимое количество станций зарядки электромобилей и заправочных станций в соответствии с Национальным планом действий по экологически чистому транспорту (2015 г.).[5]

Таблица 2.3. Минимальное необходимое количество станций зарядки электромобилей и заправочных станций в соответствии с Национальным планом действий по экологически чистому транспорту (2015 г.)

	2015	2025	2030
Станции зарядки электромобилей	200	1 300	
Станции заправки КПГ-топливом	100	200	300
Станции заправки СПГ-топливом	0	1-2	5
Станции заправки водородным топливом	1		3-5

Источник: Министерство промышленности и торговли Чешской Республики (www.mpo.cz).

Финансовые средства распределены между несколькими программами государственной поддержки, которые финансируются как чешскими, так и европейскими фондами (национальные программы и операционные программы ЕС). Программы направлены на внедрение экологически чистых транспортных средств и развитие соответствующей инфраструктуры:

- Операционная программа «Транспорт II»
- Интегрированная региональная операционная программа
- Операционная программа «Предпринимательство и инновации для повышения конкурентоспособности»
- Национальная программа «Окружающая среда»
- Программа «Эпсилон»
- Операционная программа «Прага – полюс роста Чешской Республики»
- Налоговые льготы и другие сборы и освобождения от уплаты сборов.

Учитывая сложность процесса развития экологически чистого транспорта, ниже приведен пояснительный пример стимулирования спроса на транспортные средства, работающие на КПГ-топливе.

В период с 2006 по 2010 год Министерство транспорта осуществляло программу по обновлению городского и междугородного автобусного парка. В рамках программы компенсировалось 50% разницы в ценах на дизельный автобус и КПГ-автобус. Сумма компенсации достигала 20 000 евро на одно транспортное средство. Ежегодные (специальные) ассигнования на реализацию программы составляли 8-12 миллионов евро. В настоящее время газораспределительные компании предоставляют субсидии в размере 8 000 евро на каждый автобус, работающий на КПГ-топливе.

Если сравнивать с периодом 2007–2013 гг., то в текущий период (2014-2020 гг.) операционная программа «Окружающая среда» делает больший упор на поддержку устойчивых видов транспорта и снижение негативного воздействия транспортного сектора на окружающую среду. Субсидии составляют до 90% от общей суммы разрешенных расходов. На данный момент дополнительное государственное финансирование программы за счет средств государственного бюджета или Государственного экологического фонда не просто возможно, но даже необходимо.

Целевая группа неэффективных и подлежащих замене автобусов должна отвечать трем критериям:

- возраст – 10 лет и старше
- соответствие нормам выбросов Евро 0-3
- пробег не менее 500 000 км.

В результате на конец 2018 года в Чешской Республике насчитывалось примерно 21 900 различных транспортных средств, работающих на КПГ-топливе, и 185 станций заправки КПГ-топливом, из них 25 на территории Праги. Более 1 230 КПГ-автобусов использовались в качестве общественного транспорта в более чем 60 городах. В период с 2017 по 2018 год количество транспортных средств, работающих на КПГ-топливе, увеличилось на 20%. Рисунок 2.4 иллюстрирует результаты реализации программы.

Рисунок 2.4. КПГ-транспорт и станции заправки КПГ-топливом в Чешской Республике, 2004-2017 гг.

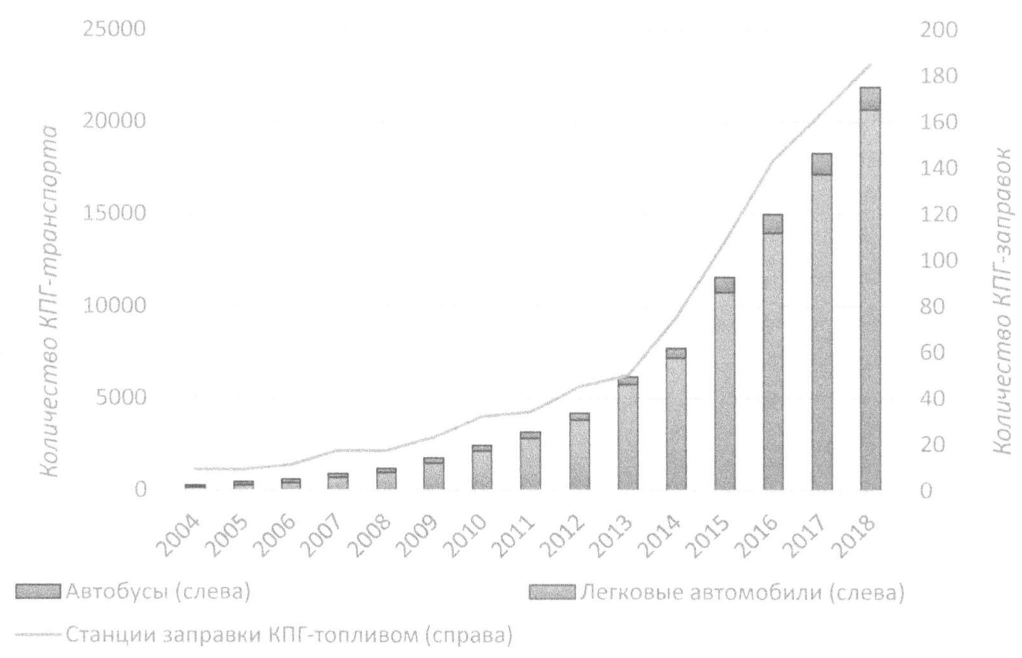

Источник: Чешская газовая ассоциация (www.cgoa.cz).

В дополнение к вышеперечисленным программам городские власти Праги разработали План устойчивой мобильности, который является неотъемлемой частью плана устойчивого развития городов. Планом предусмотрено три сценария развития: «Эффективная Прага», «Рациональная Прага» и «Либеральная Прага». Все три сценария содержат список приоритетных мер, необходимых для устойчивого развития городского транспорта. Длинный список содержит 414 возможных мер на сумму 13.6 млрд евро, а сокращенный список – 141 меру на сумму 2.5 млрд евро. Ожидалось, что план будет утвержден до конца 2018 года.[6]

Польша

Программа «Газель BIS – городской общественный транспорт с низким уровнем выбросов» была разработана Национальным фондом охраны окружающей среды и водного хозяйства Республики Польша. Реализация пилотного этапа завершена, однако осуществление второго этапа перенесено на более поздний срок. Несмотря на это, программа являет собой удачный пример подготовки общенациональной программы «зеленых» инвестиций.[7]

Программа направлена на снижение уровня загрязнения воздуха для защиты здоровья человека в тех районах, где зафиксировано значительное превышение норм концентрации загрязняющих веществ. Для этой цели будут разработаны программы охраны атмосферного воздуха и сокращения выбросов загрязняющих веществ, таких как ТЧ ($ТЧ_{2,5}$, $ТЧ_{10}$) и CO_2. Бюджет программы оценивается в 425.5 млн злотых (примерно 100 млн евро), из которых 125 млн злотых будут выделены в виде субсидий, а еще 300 млн злотых – в виде льготных кредитов.

Предполагалось, что программа будет реализована в период с 2016 по 2023 год. Однако процесс реализации еще не начался, а сама программа находится на этапе существенного пересмотра. Программой предусмотрено совместное финансирование закупок следующих видов транспортных средств:

- Гибридные автобусы:
  - Длина <13 м: до 1.6 млн злотых (<400 тыс. евро)
  - Длина >13 м: до 2.1 млн злотых (~500 тыс. евро)
- Электробусы:
  - Длина <13 м: до 1.8 млн злотых (~450 тыс. евро)
  - Длина > 13 м: до 2.4 млн злотых (~550 тыс. евро)
- Автобусы, работающие на газовом топливе (например, КПГ):
  - Длина <13 м: до 1.1 млн злотых (~250 тысяч евро)
  - Длина > 13m: до 1.5 млн злотых (~350 тысяч евро)
- Троллейбусы:
  - Длина <13 м с аккумулятором: до 1.9 млн злотых (>450 тысяч евро)
  - Длина <13 м без аккумулятора: до 1.6 млн злотых (<400 тысяч евро)
  - Длина >13 м с аккумулятором: до 2.2 млн злотых (~500 тысяч евро)
  - Длина >13 м без аккумулятора: до 1.9 млн злотых (>450 тысяч евро)
- Трамваи:
  - Длина <31 м: до 8 млн злотых (<2 млн евро)
  - Длина >31 м: до 10 млн злотых (<2.5 млн евро)

Кроме того, в рамках программы будет осуществляться совместное финансирование строительства вспомогательной инфраструктуры, а именно:

- станции заправки КПГ- и СПГ-топливом

- станции зарядки электромобилей
- управление уличным движением для обеспечения приоритетного движения общественного транспорта, в том числе системы централизованного регулирования движения и системы светофоров
- выделенные полосы для движения общественного транспорта
- перехватывающие парковки на расстоянии не более 100 м от автобусной или трамвайной остановки
- информационные системы для пассажиров на остановках, в транспортных средствах, онлайн
- системы продажи билетов
- парковочные счетчики (паркоматы)
- велосипедные дорожки
- троллейбусная инфраструктура.

Доля софинансирования инвестиционных затрат составляет до 100%. Однако затраты на закупку новых транспортных средств не должны превышать 80% от общих затрат. Затраты на вспомогательную инфраструктуру: автоматизированное управление дорожным движением, выделенные полосы для общественного транспорта, перехватывающие парковки, станции заправки КПГ-топливом, не должны превышать 50% от общих затрат. Бенефициарами программы являются органы местного самоуправления и муниципальные объединения. Они должны позаботиться о том, чтобы на одного жителя приходилось не менее 20 км услуг общественного транспорта. Кроме того, они должны обеспечить минимум 3 парковочных места на 1 000 жителей. Критерии отбора проектов включают в себя воздействие на окружающую среду, структуру финансирования проекта (не только закупка новых транспортных средств, но и развитие вспомогательной инфраструктуры), осуществимость и затратную эффективность проекта.

Программа реализуется Национальным фондом охраны окружающей среды и водного хозяйства Польши. На веб-сайте Фонда размещена необходимая информация, а также формы заявок, общие правила софинансирования и методология оценки воздействия на окружающую среду. Заявки подаются при помощи веб-приложения («генератор заявок»). На сайте также доступна информация о двухэтапной оценке проектов.

В 2018 году правительство Польши предоставило льготы по акцизному налогу на КПГ- и СПГ-топливо и одновременно ввело «плату за вредные выбросы» для других видов топлива. Согласно прогнозам, взимание платы за вредные выбросы позволит собрать не менее 10 млрд злотых (2.4 млрд евро) за 10 лет и станет основным источником финансирования пересмотренной программы. Кроме того, правительство ввело в действие новое законодательство, согласно которому городские власти наделяются полномочиями по проектированию зон экологически чистого транспорта.

Выводы

Результаты расчетов с использованием модели OPTIC и опыт других стран свидетельствуют о том, что общие затраты на реализацию Программы ЭЧОТ будут весьма значительными. Новые технологии стоят дороже, пока рынок не достиг стадии зрелости. Поэтому государственная финансовая поддержка необходима для оказания помощи операторам общественного транспорта (как муниципального, так и частного) в переходе на использование современного и экологически чистого автопарка.

Инвестиционная программа предусматривает государственные субсидии, коммерческие и льготные кредиты и государственные гарантии по кредитам в качестве наиболее целенаправленных вариантов финансовой поддержки. Доступ к финансированию можно получить, главным образом, через национальные государственные органы (субсидии) или международные финансовые институты и институты развития (льготные кредиты и гранты). В Молдове, благодаря участию национальных коммерческих банков (коммерческие кредиты) и национальных государственных органов (гарантии по кредитам), доступны дополнительные варианты финансирования.

При расчете оптимального уровня государственной поддержки (в виде субсидии) в рамках анализа программы учитывались несколько факторов. Эксплуатация транспортных средств, использующих альтернативные виды топлива, обходится дешевле в виду сравнительно низких цен на эти виды топлива и источники энергии. Сравнительно низкие затраты на эксплуатацию, обслуживание и ремонт также обусловлены более высокой надежностью новых транспортных средств и необходимостью замены полностью амортизированных транспортных средств.

В связи с вышеупомянутыми экономическими причинами (т. е. экономией на эксплуатационных затратах) программа ЭЧОТ не должна полностью финансироваться за счет субсидий. Программа направлена на увеличение инвестиций операторов общественного транспорта в модернизацию автопарка, чтобы избежать чрезмерного расходования государственных средств на замену транспорта или для поощрения покупок транспортных средств, которые могут быть осуществлены без государственной поддержки.

В любом случае, применение надежной методологии способствует укреплению доверия к Программе ЭЧОТ со стороны национальных и международных государственных фондов. Такую методологию можно использовать для оценки стоимости инвестиционной программы, определения оптимального уровня субсидирования и прогнозирования ожидаемых экологических выгод.

Ссылки

OECD (2011), *Greening Public Budgets in Eastern Europe, Caucasus and Central Asia*, OECD Publishing, Paris, https://dx.doi.org/10.1787/9789264118331-en. [2]

OECD (2007), *Handbook for Appraisal of Environmental Projects Financed from Public Funds*, OECD Environmental Finance Series, OECD Publishing, Paris, http://www.oecd.org/env/outreach/38786197.pdf. [1]

OECD (2006), *Recommendation of the Council on Good Practices for Public Environmental Expenditure Management*, OECD, Paris, http://www.oecd.org/env/outreach/38787377.pdf. [3]

Примечания

[1] В контексте настоящего отчета «портфель проектов» – это пакет проектов, осуществляемых в рамках заданного сектора. Эти проекты были задуманы и разработаны для достижения целей инвестиционной программы. Таким образом, портфель проектов представляет собой повторяющуюся процедуру, используемую для определения приоритетных проектов в соответствии с целями программы.

[2] В Молдове отсутствует действующее производство (экологически чистых) автобусов по причине отсутствия спроса на новые автобусы. Однако Европейский банк реконструкции и развития профинансировал проект в Кишиневе, что привело к реализации последующего проекта по лицензированной сборке белорусских троллейбусов. Этот пример доказывает, что создание спроса с помощью Программы ЭЧОТ может способствовать запуску внутреннего производства или, по крайней мере, узловой сборки в сотрудничестве с более крупным производителем.

[3] Аккумуляторные троллейбусы имеют ограниченный запас хода в зависимости от емкости аккумулятора. В свою очередь, емкость аккумулятора пропорциональна его стоимости. Тем не менее, на протяжении большей части городского маршрута аккумуляторный троллейбус использует стандартную электропитающую сеть. Аккумулятор можно заряжать, пока троллейбус едет по центру города.

[4] Учитывая то, что большинство операторов общественного транспорта отдают предпочтение подержанным, но все же относительно новым автобусам, основой для расчета послужила цена на подержанный автобус.

[5] Документ доступен по ссылке (на чешском языке): https://www.mpo.cz/assets/dokumenty/54377/62106/640972/priloha001.pdf.

[6] Для получения дополнительной информации перейдите на сайт «Tune up Prague» по ссылке: http://www.poladprahu.cz/en/sustainable-mobility-plan-for-prague-and-its-suburbs.

[7] Данная программа является частью более крупного проекта «Улучшение качества атмосферного воздуха». Документ доступен по ссылке (на польском языке): https://nfosigw.gov.pl/oferta-finansowania/srodki-krajowe/programy-priorytetowe/poprawa-jakosci-powietrza.

3 Обзор основных результатов и наблюдений по итогам анализа и обучающих семинаров

В данной главе представлены основные результаты процесса подготовки к реализации программ «зеленых» государственных инвестиций в Казахстане, Кыргызстане и Молдове. Она начинается с краткого анализа ситуации в транспортном секторе и оценки уровня загрязнения атмосферного воздуха в каждой из трех целевых стран. Здесь также представлены основные результаты анализа соответствующих программ, включая затраты и связанные с ними экологические выгоды. Для управления страновыми программами предлагается трехуровневый институциональный механизм: 1) учреждение-разработчик программы; 2) учреждение-исполнитель; и 3) служба технической поддержки. Наконец, в данной главе описываются основные препятствия на пути осуществления соответствующих страновых программ.

Казахстан

Анализ транспортного сектора и уровня загрязнения воздуха

Вследствие структурных и технических особенностей автотранспорт является важным фактором высокого уровня загрязнения воздуха во многих городах Казахстана. На долю автотранспортных средств приходится 88% от общего объема выбросов парниковых газов (ПГ) в транспортном секторе, что еще более усугубляет проблему и без того высокой углеродоемкости экономики Казахстана. Возраст большей части транспортных средств в Казахстане превышает десять лет. Автомобили и автобусы работают преимущественно на дизельном топливе (около 80% от общего объема потребляемого топлива). Причем, используемые дизельные двигатели едва ли соответствуют стандарту Евро-4/IV, в то время как в Европе применяются двигатели стандарта Евро-6/VI.

В Казахстане уже существует основополагающая политическая и нормативная база, которая может способствовать продвижению экологически чистого общественного транспорта. Однако Казахстан все еще отстает в плане разработки современных нормативов выбросов вредных веществ применительно к двигателям легковых автомобилей, а также крупнотоннажных грузовых автомобилей и автобусов. Правительство взяло на себя обязательство содействовать развитию энергоэффективного местного общественного транспорта. Предполагаемый определяемый на национальном уровне вклад, представленный Казахстаном на 21-й сессии Конференции Сторон (КС-21) в Париже в 2015 году, ставит амбициозную задачу по сокращению выбросов ПГ к 2030 году на 15-25% по сравнению с уровнем выбросов 1990 года (GoK, 2015[1]).

Результаты анализа систем городского общественного транспорта в 23 крупнейших городах Казахстана служат в качестве дополнительного обоснования проекта. Государственная программа развития инфраструктуры *«Нурлы Жол»* на 2015–2019 годы ставит амбициозные цели. Программой было предусмотрено, что к 2019 году 96% населенных пунктов с населением свыше 100 человек будут охвачены регулярным автобусным сообщением.[1] Также ожидалось, что к 2019 году доля изношенных автобусов на регулярных пассажирских маршрутах будет постепенно сокращена на 50% (EO PoK, 2016[2]).

По состоянию на первое полугодие 2016 года в системах общественного транспорта городов Казахстана с населением более 100 тысяч жителей было задействовано 185 поставщиков услуг по пассажирским перевозкам, в том числе четыре предприятия коммунального обслуживания. Совокупный автобусный парк насчитывает 12 314 автобусов, в том числе 3 555 микроавтобусов (примерно 29% от общего количества). Из них 6 258 находятся в собственности поставщиков услуг по пассажирским перевозкам, а остальные 6 056 взяты в лизинг или аренду. Возраст почти одной трети эксплуатируемых автобусов (31%) превышает 10 лет. Более трех четвертей (76%) всего количества автобусов в анализируемом автопарке оснащены дизельными двигателями. Доли автобусов, работающих на компримированном природном газе (КПГ), и автобусов с бензиновыми двигателями составляют по 10% каждая, тогда как сжиженный нефтяной газ (СНГ) используется в качестве топлива лишь одним из каждых 25 автобусов (4%).

Анализ уровня загрязнения воздуха в городах Казахстана проводится с использованием данных информационного бюллетеня о состоянии окружающей среды за 2015 год. Бюллетень был подготовлен Национальной гидрометеорологической службой Казахстана РГП «Казгидромет», которая проводит мониторинг качества воздуха с забором проб для определения содержания 25 загрязняющих веществ (Kazhydromet & MoE, 2016[3]). В течение всего года РГП «Казгидромет» оценивает уровень загрязнения воздуха с применением индикаторов качества воздуха. Оценка уровня загрязнения атмосферного воздуха по типу загрязняющего вещества выполняется путем сопоставления фактической концентрации загрязняющего вещества с его предельно допустимой концентрацией (ПДК, в мг/м^3 или мкг/м^3).[2]

Концепция перехода Республики Казахстан к зеленой экономике является основным политическим обоснованием инвестиционной программы. Нынешний политический курс страны предусматривает развитие энергоэффективной транспортной инфраструктуры и повышение энергоэффективности местного общественного транспорта путем перехода на использование более чистых видов топлива таких, как газ. Данный переход будет осуществляться посредством принятия конкретных мер по модернизации транспортного парка. Кроме того, в рамках реализации политического курса правительство Казахстана планирует внедрить европейские стандарты выбросов, провести технический осмотр автопарков и осуществить переход на потребление газа в крупных городах таких, как Алматы, Нур-Султан, Караганда и Шымкент к 2020 году (ЕО РоК, 2013[4]).

Для изменения сложившейся ситуации понадобятся значительные инвестиции со стороны государства и частного сектора. Однако действующие тарифы на пассажирские перевозки слишком низкие – примерно 0.2 доллара США за поездку (2016 г.). Кроме того, доступ к кредитным средствам ограничен высокими процентными ставками (13-19%). Без государственной помощи или повышения пассажирских тарифов процесс модернизации парка общественного транспорта будет и дальше проходить с большими задержками.

В 2015 году ОЭСР и правительство Казахстана объединили усилия для совместного изучения вопроса о том, каким образом государственная инвестиционная программа может ускорить развитие более чистого общественного транспорта, а также сократить выбросы загрязняющих веществ и ПГ общественного транспорта в крупных городах страны. Было решено, что в рамках программы основное внимание будет уделяться поддержке перехода на современные автобусы, работающие на экологически чистых видах топлива таких, как компримированный природный газ (КПГ) и сжиженный нефтяной газ (СНГ).

Анализ программы

Предполагается, что инвестиционная программа будет реализована в два этапа. Пилотный этап (или Этап 1) охватывает города Костанай[3] и Шымкент[4]. В рамках этапа расширения масштаба программы (Этап 2) будут охвачены все крупнейшие города Казахстана. В отличие от инвестиционных программ, разработанных для Молдовы и Кыргызстана, казахстанская программа не охватывает междугородный транспорт. Основной причиной тому является наличие достаточного количества населенных пунктов с действующими сетями общественного транспорта и большие расстояния между ними.

Костанай является идеальным кандидатом на роль пилотного города, поскольку там до сих пор курсирует 421 старый дизельный автобус и всего лишь 6 относительно новых дизельных автобусов. Большинство старых автобусов находятся в эксплуатации уже на протяжении 15-20 лет. В Шымкенте эксплуатируются очень старые дизельные автобусы (возрастом более 15 лет) в количестве 61 единицы, которые составляют примерно 4% от общего количества транспортных средств в городском автопарке (1 658 единиц). Городской автопарк также включает в себя 117 относительно старых автобусов (возрастом от 10 до 15 лет). Учитывая то, что срок полезной службы автобусов обычно не превышает 12 лет, около 89% автобусов городского автопарка уже должны быть полностью амортизированы. Поскольку оба города страдают от высокого уровня вредных выбросов транспортных средств, сокращение выбросов является важной задачей для местных городских властей.

Для проведения анализа и оценки были отобраны три пакета проектов. Они были признаны экономически эффективными и осуществимыми, в том числе в рамках регулярного бюджетного процесса. В рамках этих проектов основное внимание уделяется замене устаревшего городского автобусного парка на современные автобусы, работающие на следующих видах топлива:

1. компримированный природный газ (КПГ), если таковой доступен

2. сжиженный нефтяной (углеводородный) газ (СНГ)
3. дизельное топливо, принимая во внимание возможность импортных поставок топлива стандарта Евро-5 и Евро-6, до тех пор, пока в Казахстане не будут внедрены соответствующие стандарты качества топлива.

Результаты анализа проектов свидетельствуют о том, что переход на использование КПГ- и СНГ-топлива в общественном автобусном транспорте приведет к сокращению эксплуатационных расходов и экономии средств, учитывая более низкие цены на данные виды топлива по сравнению с дизельным топливом. Переход на дизельное топливо более высокого качества, например, дизель стандарта Евро-5 или Евро-6, также может оказаться эффективной альтернативой в случае отсутствия доступа к КПГ- и СНГ-топливу.[5] Результаты совокупного анализа автопарка 23 населенных пунктов свидетельствуют о том, что более трех четвертей (76%) всего количества автобусов в анализируемом автопарке оснащены дизельными двигателями. Доли автобусов, работающих на КПГ-топливе и дизельном топливе, составляют по 10% каждая, тогда как СНГ-топливо используется лишь одним из каждых 25 автобусов (4%).

Другие направления потенциальных инвестиций включают в себя проведение исследований, строительство станций заправки КПГ-топливом и мастерских технического обслуживания новых автобусов. Дополнительные инвестиции также могут способствовать улучшению качества услуг общественного транспорта, сопутствующих замене автобусов в рамках трех портфелей проектов (КПГ, СНГ и дизель).

Результаты анализа свидетельствуют, что замена устаревшего и обесцененного национального автобусного парка не только принесет экологические выгоды, но и позволит создать новые рабочие места в случае запуска конкурентоспособного внутреннего производства дизельных и КПГ-автобусов.[6]

Этап 1

Пилотный этап, охватывающий города Костанай и Шымкент, рассчитан на один год. Ожидается, что на данном этапе 200 автобусов в Костанае будут заменены современными моделями, работающими на СНГ-топливе.[7]

Общий объем инвестиций на реализацию пилотного этапа программы в **Костанае** оценивается в 6 421 млн казахстанских тенге (18.72 млн долларов США). При этом доля государственного финансирования в рамках программы составит 3 079 млн тенге (8.98 млн долларов США). Остальная часть суммы в размере 3 342 млн тенге (9.75 млн долларов США) будет инвестирована частными или муниципальными автобусными перевозчиками.

Предполагается, что в **Шымкенте** 100 старых автобусов будут заменены современными автобусами, работающими на КПГ-топливе.[8] Общий объем инвестиций составит 3 531 млн тенге (10.3 млн долларов США). При этом доля государственного финансирования в рамках программы ЭЧОТ составит 1 705 млн тенге (4.97 млн долларов США). Остальная часть суммы в размере 1 826 млн тенге (5.32 млн долларов США) будет инвестирована частными или муниципальными автобусными перевозчиками.

Общие затраты на закупку 100 КПГ-автобусов и 200 СНГ-автобусов (не микроавтобусы) оцениваются в 9 952 млн тенге (29.03 млн долларов США). При этом часть расходов на сумму 4 784 млн тенге (13.95 млн долларов США) будет покрыта за счет государства, а остальная часть в размере 5 168 млн тенге (15.07 млн долларов США) будет оплачена частными или муниципальными автобусными перевозчиками.

Этап 2

В секторе общественного транспорта Казахстана еще много можно сделать для существенного улучшения состояния окружающей среды. По приблизительным оценкам, после завершения пилотного этапа программы на территории страны будет насчитываться 2 458 автобусов возрастом свыше 10 лет. Причем, 1 471 из этих 2 458 автобусов находятся в эксплуатации более 15 лет.

Исходя из этого, была проведена оценка затрат на реализацию двух возможных сценариев второго этапа. Расчет затрат выполнен с использованием модели, основанной на электронных таблицах Excel и специально разработанной для этих целей. Второй этап программы рассчитан на 5 лет и охватит все крупнейшие города в Казахстане (19 городов согласно Сценарию 1 или 21 город согласно Сценарию 2). Второй этап будет направлен на замену всех автобусов старше 15 лет (согласно Сценарию 1) или всех автобусов старше 10 лет (согласно Сценарию 2). Некоторые города останутся неохваченными (4 города согласно Сценарию 1 или 2 города согласно Сценарию 2), поскольку в этих городах нет старых автобусов.[9]

Между двумя сценариями есть одно важное различие. Согласно Сценарию 1, в рамках программы будет финансироваться замена автобусов старше 15 лет, а Сценарий 2 предусматривает выделение средств на замену автобусов старше 10 лет.

Сценарий 1: Модернизация старого автобусного парка в 19 населенных пунктах Казахстана, что подразумевает замену 15-летних транспортных средств на 286 новых КПГ-автобусов и 1 241 новых СНГ-автобусов.

Согласно Сценарию 1, общий объем инвестиций оценивается в 51 574 млн тенге (150.44 млн долларов США). При этом доля государственного финансирования составит 25 615 млн тенге (74.72 млн долларов США). Частные или муниципальные автобусные перевозчики инвестируют 25 958 млн тенге (75.72 млн долларов США).

Сценарий 2: Модернизация старого автобусного парка в 21 населенном пункте Казахстана, что подразумевает замену 10-летних транспортных средств на 853 новых КПГ-автобуса и 1 630 новых СНГ-автобусов.

Согласно Сценарию 2, общий объем инвестиций увеличится до 84 629 млн тенге (246.86 млн долларов США). Доля государственного финансирования составит 41 818 млн тенге (121.98 млн долларов США). Частные или муниципальные автобусные перевозчики инвестируют 42 811 млн тенге (124.88 млн долларов США).

Обобщенные результаты и выгоды от реализации программы

В результате реализации первого этапа программы в автопарках двух пилотных городов появятся 300 единиц нового общественного транспорта (100 КПГ-автобусов и 200 СНГ-автобусов). После завершения второго этапа (Сценарий 1) в автопарках 19 населенных пунктов Казахстана появятся 1 827 единиц нового общественного транспорта (386 КПГ-автобусов и 1 441 СНГ-автобус). В случае реализации более амбициозного сценария второго этапа (Сценарий 2), в автопарках 21 населенного пункта Казахстана появятся 2 783 единицы нового общественного транспорта (953 КПГ-автобуса и 1 830 СНГ-автобусов).

Суммарный объем инвестиций в реализацию двух этапов программы включает в себя следующие совокупные затраты:

- Этап 1 и Этап 2 согласно Сценарию 1: Общий объем инвестиций оценивается в 61 526 млн тенге (179.47 млн долларов США). При этом доля государственного финансирования составит 30 399 млн тенге (88.67 млн долларов США). Частные или муниципальные автобусные перевозчики инвестируют 31 126 млн тенге (90.79 млн долларов США).

- Этап 1 и Этап 2 согласно Сценарию 2: Общий объем инвестиций увеличится до 94 581 млн тенге (275.89 млн долларов США). Доля государственного финансирования составит 46 602 млн тенге (135.94 млн долларов США). Частные или муниципальные автобусные перевозчики инвестируют 47 979 млн тенге (139.95 млн долларов США).

Наиболее существенный прогресс ожидается в выполнении задач по сокращению выбросов CO_2 и NO_x. Очевидно, что с началом реализации второго этапа программы ЭЧОТ произойдет значительное увеличение объема сокращения выбросов. Предполагается, что к концу второго этапа согласно Сценарию 2 объем выбросов CO_2 уменьшится на 68 367 тонн/год. Это означает, что выбросы CO_2 сократятся на 27.2% по сравнению с базовым уровнем.[10] Если говорить о NO_x, ожидается уменьшение выбросов на 1 724 тонны/год. Это означает, что выбросы NO_x сократятся на 83.5% по сравнению с базовым уровнем. Оценка объема сокращений выбросов проводилась с использованием метода нормативных факторов загрязнения.

В относительном выражении наиболее ощутимый прогресс ожидается в решении проблемы выбросов мелких твердых частиц – $ТЧ_{2.5}$. К концу второго этапа согласно Сценарию 2, выбросы $ТЧ_{2.5}$ сократятся на 98.2% по сравнению с базовым уровнем (или на 50 тонн/год). Выбросы SO_2 сократятся на 83.3% по сравнению с базовым уровнем при ежегодном сокращении выбросов на 39 тонн. Выбросы CO сократятся на 56.1% по сравнению с базовым уровнем (или на 315 тонн/год).

Реализация программы и институциональная среда

Для осуществления программы необходимы институциональные механизмы, обеспечивающие прозрачность и экономическую эффективность принятых решений. В отчете содержится анализ нескольких возможных вариантов таких механизмов. В Казахстане есть целый ряд учреждений, которые могли бы быть выбраны для осуществления руководства программой. Но каким бы ни был окончательный выбор, учреждение-исполнитель должно обладать достаточной степенью независимости. Это позволит ему принимать решения, основанные на определенных правилах и критериях в соответствии с целями программы, не подвергаясь политическому влиянию.

В Казахстане существуют потенциальные механизмы финансового стимулирования перехода на экологически чистый общественный транспорт. Однако следует отметить, что нет необходимости финансировать данную программу исключительно за счет государственных субсидий. Одной из особенностей сектора общественного транспорта является возможность снижения эксплуатационных затрат путем замены старого автопарка новыми моделями и перехода на использование экологически чистого топлива. Следовательно, государственная финансовая поддержка должна быть направлена прежде всего на стимулирование роста инвестиций, а не на финансирование рентабельных проектов, которые могут быть реализованы и без участия государства.

Укрепление межведомственного сотрудничества является залогом успешной реализации программы ЭЧОТ. Такая программа может способствовать повышению значимости защиты окружающей среды и охраны климата при формировании транспортной политики государства. При осуществлении перехода на экологически чистый общественный транспорт Министерство энергетики только выиграет от налаживания более тесного сотрудничества с Министерством по инвестициям и развитию, а также с входящим в его состав Транспортным комитетом. Министерство финансов и Министерство экономики также могли бы оказать поддержку данной программе и более эффективно содействовать развитию низкоуглеродной мобильности в Казахстане.

С целью содействия в реализации будущей программы в рамках исследования были подготовлены следующие вспомогательные материалы:

- предложения по процедурам управления проектным циклом (УПЦ), включая критерии приемлемости, критерии оценки проектов, порядок ранжирования проектов и правила финансирования
- предложение по созданию институционального механизма, состоящего из трех уровней:
  - Учреждение-разработчик (УР): В целом, УР отвечает за разработку программы. Роль разработчика могло бы взять на себя Министерство энергетики. В Казахстане Министерство энергетики несет ответственность за охрану окружающей среды (природные ресурсы) и развитие «зеленой» экономики (возобновляемые источники энергии). В обязанностях министерства особый акцент делается на законодательстве и госрегулировании, но при этом отсутствуют необходимые средства и возможности для управления программами «зеленых» инвестиций.[11] Тем не менее, Министерство энергетики (в лице Департамента «зеленой» экономики) лучше всего подходит на роль УР и для осуществления контроля за процессом реализации программы.
  - Учреждение-исполнитель (УИ): На УИ возлагаются обязанности по разработке регламента выполнения программы. УИ должно консультироваться со службой (службами) технической поддержки в процессе разработки и применения данного регламента. Кроме того, УИ будет распределять бюджет программы на тот или иной год (программный цикл) по типам проектов («корзины» проектов). Международный финансовый центр «Астана» (МФЦА) выразил заинтересованность в оказании помощи в поиске потенциальных источников финансирования программы. МФЦА, созданный при поддержке Европейского банка реконструкции и развития, располагает необходимым кадровым потенциалом, а также владеет навыками управления программами и привлечения финансовых ресурсов. Однако, учитывая текущую загруженность работой, МФЦА не имеет возможностей для расширения круга обязанностей за счет выполнения Программы ЭЧОТ.[12] Тем не менее, в дальнейшем представитель программы еще раз обратится к МФЦА за помощью в поиске потенциальных источников финансирования. АО «Жасыл-Даму» (фонд защиты окружающей среды)[13] также может рассматриваться в качестве кандидата на роль УИ, осуществляющего руководство программой на правах внешнего подрядчика (аутсорсинг), а на пилотном этапе к руководству программой можно привлечь социально-предпринимательские корпорации местного уровня.[14] Однако никто из них не готов приступить к реализации программы развития экологически чистого транспорта без дополнительного наращивания потенциала.
  - Служба технической поддержки (СТП): СТП оказывает специализированную помощь, дает рекомендации и предоставляет профессиональные знания и опыт в сфере рационального использования энергии и топлива, КПГ- и СНГ-автобусов, современных дизельных автобусов, а также консультирует по вопросам сокращения выбросов парниковых газов и загрязнителей воздуха. Такие функции могло бы выполнять Объединение юридических лиц «Казахстанская ассоциация высокотехнологичных, энергоэффективных и инновационных компаний» (КАВЭИК), созданное при поддержке Программы развития ООН. Также следует рассмотреть кандидатуру Ассоциации казахстанского автобизнеса (АКАБ) – некоммерческой профессиональной ассоциации официальных дилеров, импортеров, дистрибьюторов и отечественных производителей на автомобильном рынке Казахстана. В случае необходимости можно найти других потенциальных кандидатов на роль СТП.

Каким бы ни был окончательный выбор, учреждение-исполнитель должно обладать достаточной степенью независимости. Это позволит ему принимать решения, основанные на определенных правилах и критериях в соответствии с целями программы, не подвергаясь политическому влиянию. Поскольку разработка программы – это политический процесс, обязанности по разработке программы и управлению проектным циклом должны быть четко определены и разграничены. При этом управление проектным циклом входит в сферу ответственности УИ.

Основные препятствия и возможности

В ходе анализа был выявлен ряд препятствий на пути осуществления проекта поддержки внедрения КПГ в секторе общественного транспорта Казахстана:

- Инфраструктура КПГ: Неравномерный характер развития инфраструктуры КПГ в государственных масштабах обусловлен тем, что газопроводы природного газа сосредоточены главным образом на юге и юго-западе страны и не обслуживают северные регионы Казахстана.
- Направленность программы: КПГ, СНГ или дизельное топливо? В настоящее время 98% транспортных средств Казахстана используют в качестве топлива бензин, 0.1% – КПГ и СПГ-топливо, а остальные – дизельное топливо (UNDP, 2015[5]). Внедрение КПГ сопряжено с высокими начальными затратами, которые включают в себя как закупку нового КПГ-транспорта, так и переоборудование существующих транспортных средств с бензиновыми и дизельными двигателями для перехода на использование КПГ-топлива. Поэтому частный сектор Казахстана (как физические, так и юридические лица) отдает предпочтение СНГ-транспорту. Стоимость перехода на СНГ-топливо составляет 200–300 тысяч тенге (600–900 долларов США), тогда как переоборудование транспорта для перехода на КПГ-топливо обойдется вдвое дороже.
- Мониторинг качества воздуха: Отсутствие эффективной методики контроля загрязнения воздуха и соответствующей инфраструктуры. Мониторинг транспорта и вредных выбросов транспортного сектора, а также сбор соответствующих данных входит в обязанности различных государственных учреждений. Комитет по статистике Казахстана не располагает данными по транспортному сектору, включая данные о количестве транспортных компаний и объеме потребления топлива (UNDP, 2015[5]). Как правило, большую часть необходимой информации и данных о количестве, типах и техническом состоянии транспортных средств можно найти на веб-сайте Министерства внутренних дел, поскольку ежегодный техосмотр транспортных средств находится в ведении этого министерства.
- Лимит заимствований: Верхний лимит государственных заимствований составляет 50% ВВП. Данная норма содержится в Соглашении о согласованной макроэкономической политике, которое является одним из 18 отраслевых соглашений, образующих нормативно-правовую базу Единого экономического пространства (ЕЭП). Соглашение было подписано 9 декабря 2010 года в Москве в соответствии с Маастрихтскими соглашениями. Данные соглашения регулируют предельные значения годового дефицита государственного бюджета, государственного долга и уровня инфляции (Secrieru, 2014[6]). Правительству Республики Казахстан удается удерживать свой государственный долг на уровне 60% ВВП – это один из самых низких уровней задолженности в мире (Lovasz and Gizitdinov, 2012[7]).

С другой стороны, существует также ряд возможностей, связанных с реализацией программы:

- Готовность местных заинтересованных сторон к сотрудничеству: Например, национальная газораспределительная компания ТОО «КазТрансГаз Онимдери» проявила желание и готовность поддержать Программу ЭЧОТ посредством развития КПГ-инфраструктуры в Казахстане.
- Приверженность Казахстана новаторским проектам развития экологически чистой энергетики: Перед правительством Казахстана поставлена цель довести показатель удовлетворения энергетических потребностей за счет возобновляемых источников энергии до уровня 3% к 2020 году и до 10% – к 2030 году. Для достижения этих показателей

Казахстан субсидирует производство энергии из возобновляемых источников с целью поощрения инвестиций в экологически чистую энергетику. Программа, разработанная в рамках данного исследования, может способствовать достижению этих целевых показателей.

- Совершенствование основ государственной «зеленой» политики: Правительство Республики Казахстан разработало Астанинскую инициативу «Зеленый мост». Инициатива направлена на продвижение «зеленой» экономической политики («зеленый» рост, низкоуглеродное развитие) и создание моста между Европой и Азией путем обмена знаниями и содействия «зеленым» инвестициям.[15] По данным Всемирного банка в рамках инициативы будет создан фонд в размере 25 млн долларов США для поддержки «зеленых» мини-проектов, предусмотрено выделение субсидий и кредитов на сумму не более 100 000 долларов США на один проект. Управление фондом будет осуществляться Департаментом «зеленой» экономики, созданном при Министерстве энергетики. Всемирный банк и Глобальный экологический фонд предоставят по 10 млн долларов США каждый в рамках этой инициативы. Ожидалось, что в 2017 году будет объявлен конкурс заявок на основании соответствующего решения Правительства Казахстана.

Молдова

Анализ транспортного сектора и уровня загрязнения воздуха

После обретения независимости от Советского Союза в 1991 году национальное правительство Молдовы взяло на себя обязательства содействовать устойчивому развитию. Специально для ключевых секторов, влияющих на состояние экономики и окружающей среды в этой стране, были разработаны национальные программы, планы действий и комплекс политических мер. В этот перечень входят сектора энергетики, промышленного производства, транспорта, сельского и лесного хозяйства, а также сектор утилизации отходов.

Вклад транспортного сектора в ВВП страны незначителен и составляет менее 5%. Однако на долю транспортного сектора приходится 22% от общего объема выбросов ПГ в стране, и по данному показателю он уступает только сектору энергетики. Транспортный сектор является основным источником загрязнения воздуха, особенно в городских районах, где на долю автотранспорта приходится 86% от общего объема вредных выбросов (GoM, 2018[8]). По данным Национального бюро статистики Молдовы (НБС) за 2018 год, доля транспортного сектора в общем объеме вредных выбросов на самом деле могла достичь беспрецедентно высокого уровня – 96%.[16]

Возраст большей части транспортных средств в Молдове превышает десять лет. Автомобили и автобусы работают преимущественно на дизельном топливе, при этом дизельные двигатели едва ли соответствуют стандарту Евро-4, в то время как в Европе применяются двигатели стандарта Евро-6. Например, 11 790 из 20 994 эксплуатируемых автобусов (56% автобусного парка страны) не соответствуют ни одному евростандарту, и всего лишь около 7.7% автобусного парка отвечает нормам Евро 4-6.[17] Согласно пункту 9 статьи 153 Кодекса автомобильного транспорта Республики Молдова (№ 150 от 17 июля 2014 года), начиная с 1 января 2020 года к осуществлению автотранспортных перевозок будут допущены только автобусы, соответствующие по меньшей мере стандарту Евро-1.

Вследствие вышеупомянутых структурных и технических особенностей автотранспорт является важным фактором высокого уровня загрязнения воздуха во многих городах Молдовы. Несмотря на отсутствие доступа к соответствующим данным, можно констатировать, что молдавские города страдают от загрязнения воздуха, типичного для городов Восточной Европы. Соответственно, наибольшую озабоченность вызывают выбросы $ТЧ_{2.5}$ и $ТЧ_{10}$, обусловленные использованием древесины и угля для отопления домов, а также дизельного топлива для автомобилей. Загрязнение воздуха в Кишиневе одним или несколькими видами токсичных газов наблюдается, как минимум, на протяжении половины года (BCI and TUM, 2006[9]).[18]

На транспортном секторе лежит большая часть ответственности за увеличение объема выбросов диоксида серы (SO_2). В период с 2005 по 2011 год выбросы SO_2 увеличились более чем в два раза (с 2 400 до 5 800 тонн в год). Доля транспорта в увеличенном объеме выбросов SO_2 составляет около 75% (UNECE, 2014[10]). Начиная с 2004 года, количество смертей, вызванных загрязнением атмосферного воздуха в Молдове, увеличилось более чем в три раза (WHO, 2009[11]).[19] Кроме того, воздействие загрязнителей воздуха, особенно твердых частиц, все чаще приводит к заболеваниям системы кровообращения, являющихся одной из главных причин летальных исходов в Молдове.[20] В частности, значительное увеличение числа заболеваний, связанных с загрязнением воздуха, наблюдается в муниципии Кишинев (GoM, 2013[12]).

Программа по продвижению «зеленой» экономики в Республике Молдова на 2018-2020 гг. и План действий по ее реализации определяют цели для транспортного сектора (GoM, 2018[8]). Программа делает акцент на поддержке эффективного, экономически рационального и экологически чистого городского общественного транспорта. Например, крупногабаритному общественному транспорту уделяется больше внимания, чем легковым автомобилям на городских улицах, а также налагаются ограничения на использование старых транспортных средств. Программа также ратует за утверждение четких экологических целей в транспортной политике, например, использование альтернативных видов топлива и новых технологий на всех видах транспорта.

К середине 2017 года в системах городского общественного транспорта в Кишиневе и Бельцах было задействовано 32 поставщика услуг по пассажирским перевозкам. Совокупный автопарк этих городов насчитывает 414 троллейбусов, 208 рейсовых автобусов (с дизельными двигателями стандарта Евро-4 или ниже) и 1 406 микроавтобусов (с дизельными двигателями). Не менее половины всего автобусного парка и почти весь парк микроавтобусов нуждаются в ремонте или замене.

Для изменения сложившейся ситуации потребуется привлечение значительных ресурсов как со стороны частного сектора, так и со стороны государства. Однако действующие пассажирские тарифы очень низкие. По состоянию на 2017 стоимость проезда составляла около 0.11 доллара США (троллейбусы) и 0.16 доллара США (автобусы и микроавтобусы). Доступ к кредитным средствам ограничен высокими процентными ставками. Например, в 2018 году средняя процентная ставка по долгосрочному (>5 лет) кредиту для коммерческих предприятий составляла 9.76% годовых в национальной валюте и 4.60% годовых в иностранной валюте.[21] Без государственной поддержки или повышения пассажирских тарифов процесс модернизации автопарка общественного транспорта будет затягиваться и дальше.

Программа будет направлена главным образом на поддержку перехода к современным автобусам, работающим на экологически чистых видах топлива таких, как КПГ- и СНГ-топливо. По мере возможности, программа также будет способствовать развитию существующей инфраструктуры, предназначенной для использования троллейбусов.

Анализ программы

Предполагается, что инвестиционная программа будет реализована в два этапа. Пилотный этап программы (Этап 1) охватит города Кишинев[22] и Бельцы.[23] Этап расширения масштаба (Этап 2) предусматривает полную замену устаревшего автобусного парка в Кишиневе и Бельцах, при реализации Сценария 1 программа охватит автобусы на пригородных маршрутах пилотных городов, а при реализации Сценария 2 – на междугородных маршрутах.

В Кишиневе примерно 124 из 366 троллейбусов (36%) исчерпали свой ресурс эксплуатации и требуют замены. Кроме того, не менее 48% (56 автобусов) от общего количества эксплуатируемых (т. е. не нуждающихся в ремонте) автобусов и не менее 56% (76 автобусов) совокупного автобусного парка Кишинева также следует заменить. 11 из 34 единиц (около трети) троллейбусного транспорта города Бельцы находятся в эксплуатации уже более десяти лет. Неэлектрический общественный транспорт представлен 48 рейсовыми автобусами и 116 микроавтобусами (маршрутками). Все они работают на дизельном топливе, и подавляющее большинство из них находится в эксплуатации не менее 15 лет (все данные по состоянию на июль 2017 года).

Для проведения анализа и оценки были отобраны четыре портфеля проектов. Они были признаны экономически эффективными и осуществимыми, в том числе в рамках регулярного бюджетного процесса. В рамках этих проектов основное внимание уделяется замене устаревшего городского автобусного парка на современные транспортные средства, работающие на следующих видах топлива:

1. компримированный природный газ (КПГ)
2. сжиженный нефтяной газ (СНГ)
3. дизельное топливо стандарта Евро-5 и Евро-6
4. электричество (аккумуляторные и безаккумуляторные троллейбусы).

Ввиду постепенного устаревания автопарка Молдовы, предлагаемые «портфели проектов» направлены на предоставление помощи в приобретении новых транспортных средств (автобусов, микроавтобусов и троллейбусов), а не на модернизацию используемых двигателей. Обновление автобусного парка приведет к повышению надежности и эффективности общественного транспорта. Внутренний рынок получит стимул к запуску производства или, по крайней мере, узловой сборки современных автобусов и троллейбусов.[24] Поскольку нынешний автопарк Молдовы включает в себя слишком большое количество микроавтобусов, приоритетное внимание в рамках Программы ЭЧОТ будет сосредоточено на замене части микроавтобусов рейсовыми автобусами.

Переход на использование электричества, КПГ- и СНГ-топлива в общественном автобусном транспорте приведет к сокращению эксплуатационных расходов и экономии средств, учитывая более низкие цены на данные виды топлива по сравнению с дизельным топливом. Область использования электричества ограничена существующей сетью троллейбусных линий в Кишиневе и Бельцах. Кроме того, в обоих городах есть доступ к КПГ-топливу. Переход на дизельное топливо более высокого качества также может оказаться эффективной альтернативой при отсутствии доступа к КПГ- и СНГ-топливу, например, в случае междугородных маршрутов в рамках Сценария 2.

Предлагаемые портфели инвестиционных проектов должны сопровождаться дополнительными инвестициями в развитие инфраструктуры. Сюда входит создание новых троллейбусных линий, станций заправки КПГ- и СНГ-топливом, а также станций зарядки электромобилей. Также следует принять вспомогательные меры по усовершенствованию транспортной системы в городах, включая создание выделенных полос для движения общественного транспорта, улучшение автобусных остановок и внедрение интеллектуальной системы управления уличным движением.

Внутреннее производство троллейбусов позволит создать дополнительные рабочие места, тем самым обеспечив дополнительные выгоды вдобавок к замене устаревшего и изношенного троллейбусного парка Молдовы.

Первый и второй этап программы включают в себя следующие мероприятия по замене старого транспорта:

- Первый (пилотный) этап программы охватит два города (Кишинев и Бельцы) и будет направлен, прежде всего, на модернизацию электротранспорта (троллейбусов). В общей сложности планируется закупить 62 новых троллейбуса, из которых одна половина (31 троллейбус) будет использована для замены старых троллейбусов, а вторая половина заменит старые дизельные автобусы и тем самым расширит сеть троллейбусного транспорта. Кроме того, на пилотном этапе предусмотрена замена 15 старых микроавтобусов.[25]

- Второй этап программы (расширение масштаба) станет логическим продолжением пилотного этапа. Согласно Сценарию 1, программа будет расширена за счет охвата пригородных районов пилотных городов (735 новых транспортных средств), а в рамках Сценария 2 предусмотрена модернизация междугородного общественного транспорта по всей стране (2 510 новых транспортных средств).

Этап 1

Пилотный этап программы, охватывающий наиболее насущные потребности городов Кишинев и Бельцы, будет реализован в течение одного года. Для нужд **Кишинева** предлагается закупить 60 единиц нового общественного транспорта, в том числе:

- замена 25 старых троллейбусов на аналогичное количество новых транспортных средств, включая аккумуляторные троллейбусы
- закупка дополнительных 25 троллейбусов, включая аккумуляторные троллейбусы, для усиления существующего транспортного парка и для замены старых дизельных автобусов возрастом более 15 лет (примерно 25 единиц)
- замена 10 старых дизельных микроавтобусов аналогичным количеством КПГ-автобусов
- расширение существующего парка (аккумуляторных) троллейбусов для охвата только отдаленных городских районов, не имеющих доступа к электропитающей сети, учитывая высокую стоимость расширения электропитающей сети троллейбусного транспорта всей городской территории.

Общий объем инвестиций на реализацию программы ЭЧОТ в Кишиневе оценивается в 280 млн молдавских леев (15.1 млн долларов США). При этом доля государственного финансирования в рамках программы составит 141 млн леев (7.6 млн долларов США). Ожидается, что частные или муниципальные автобусные перевозчики инвестируют 139 млн леев (7.5 млн долларов США).

В рамках реализации пилотного этапа программы ЭЧОТ в городе **Бельцы** предусмотрена закупка 17 единиц нового общественного транспорта. Сюда входит следующее:

- замена шести старых троллейбусов аналогичным количеством новых транспортных средств, включая аккумуляторные троллейбусы
- закупка дополнительных шести троллейбусов, включая аккумуляторные троллейбусы, для усиления существующего транспортного парка для замены старых дизельных автобусов возрастом более 15 лет (примерно 6 единиц)
- замена пяти старых дизельных микроавтобусов аналогичным количеством новых транспортных средств, работающих на экологически чистом топливе (КПГ или СНГ).

Общая стоимость инвестиций в закупку 12 троллейбусов и 5 микроавтобусов для города Бельцы оценивается в 72 млн леев (3.9 млн долларов США). При этом доля государственного финансирования в рамках Программы ЭЧОТ составит 37 млн леев (2 млн долларов США). Муниципальные и частные автобусные перевозчики инвестируют 36 млн леев (1.9 млн долларов США).

В целом, реализация пилотного этапа приведет к закупке 62 новых троллейбусов и 15 микроавтобусов. Данные целевые показатели основываются на трех допущениях. Во-первых, предполагается, что Молдова обладает достаточным рыночным потенциалом для осуществления ежегодных поставок необходимого количества современных транспортных средств. Во-вторых, предполагается, что частные и муниципальные автобусные перевозчики способны инвестировать средства в приобретение новых активов в течение одного года. В-третьих, предполагается, что правительство способно инвестировать средства в развитие вспомогательной инфраструктуры.

В более широком контексте, пилотный этап программы будет опираться на опыт предыдущих программ (финансируемых ЕБРР) по замене троллейбусов, реализация которых началась в 2010-2013 годах. Кроме того, парк общественного транспорта в обоих пилотных городах включает в себя большое количество микроавтобусов, работающих в основном на дизельном топливе, которые подлежат безотлагательной замене.

Суммарный объем инвестиций на реализацию пилотного этапа Программы ЭЧОТ оценивается в 353 млн леев (19.1 млн долларов США). При этом доля государственного финансирования должна составить 178 млн леев (9.6 млн долларов США).

Этап 2

В рамках проработки Этапа 2, то есть этапа расширения масштаба программы, были рассмотрены два варианта институциональных механизмов с разными уровнями государственного участия в софинансировании сроком до пяти лет. Также проведен анализ и оценка затрат для двух возможных сценариев реализации 2-го этапа программы:

Сценарий 1: Модернизация остальной части устаревшего парка автобусов и микроавтобусов в Кишиневе и Бельцах, включая пригородный транспорт. Сценарий 1 предусматривает замену всех старых, то есть не соответствующих стандарту Евро-5/V городских и пригородных автобусов и микроавтобусов в Кишиневе и Бельцах. Это означает необходимость закупки 393 современных рейсовых автобусов и 280 микроавтобусов, включая 15 микроавтобусов, закупленных на Этапе 1, работающих на КПГ- или СНГ-топливе, или, как вариант, оснащенных современными дизельными двигателями.

Согласно Сценарию 1, общий объем инвестиций оценивается в 2 427 млн леев (145 млн долларов США). При этом в случае применения первого варианта институционального механизма доля государственного финансирования составит 607 млн леев (36 млн долларов США), а при использовании второго варианта – 1 415 млн леев (85 млн долларов США).

Сценарий 2: Модернизация остальной части устаревшего парка автобусов и микроавтобусов в Кишиневе и Бельцах, включая пригородный транспорт. Кроме того, Сценарий 2 предусматривает модернизацию междугородного общественного транспорта по всей стране. Выбор в пользу модернизации междугородного транспорта обусловлен малым количеством общественного транспорта в других городах Молдовы. Междугородние автобусные линии будут служить в качестве заменителя, а именно, обслуживать городские и пригородные маршруты, расположенные по пути их следования. Сценарий 2 предусматривает замену всех автобусов и микроавтобусов, обслуживающих городские и междугородные маршруты в Молдове, но при этом не соответствующих стандарту Евро-5/V. Это означает необходимость закупки 1 456 современных автобусов и 992 микроавтобусов, включая 15 микроавтобусов, закупленных на Этапе 1, работающих на более чистых видах топлива.

Согласно Сценарию 2, общий объем инвестиций увеличится до 8 871 млн леев (531 млн долларов США). При этом в случае применения 1-го варианта институционального механизма доля государственного финансирования составит 2 218 млн леев (133 млн долларов США), а при использовании 2-го варианта – 5 365 млн молдавских леев (321 млн долларов США).

Обобщенные результаты и выгоды от реализации программы

В результате реализации пилотного этапа программы в транспортных парках двух пилотных городов появятся 77 единиц нового общественного транспорта (62 троллейбуса и 15 автобусов). По итогам второго этапа (Сценарий 1) в транспортный парк пополнится 735 единицами нового городского и пригородного транспорта (62 троллейбуса, 393 автобуса и 280 микроавтобусов). В случае реализации более амбициозного сценария второго этапа (Сценарий 2), транспортный парк Молдовы получит 2 510 единиц нового городского, пригородного и междугородного транспорта (62 троллейбуса, 1 456 автобусов и 992 микроавтобуса). Они будут распределены между пилотными городами (Кишинев и Бельцы) и другими регионами Молдовы.

Результаты анализа свидетельствуют о том, что суммарные затраты на реализацию программы ЭЧОТ будут весьма существенными. Общая стоимость инвестиций в реализацию Этапа 1 и Этапа 2 согласно Сценарию 1 оценивается в 2 779 млн леев (150.2 млн долларов США). При этом доля государственного финансирования составит от 783 до 1 593 млн леев (42.3 - 86.1 млн долларов США) в зависимости от выбранного варианта финансирования. Общая стоимость инвестиций в реализацию Этапа 1 и Этапа 2 согласно Сценарию 2 оценивается в 9 223 млн леев (498.6 млн долларов США). При этом доля государственного финансирования составит 2 394 - 5 542 млн леев (129.4 - 299.6 млн долларов США).

Ожидается, что при реализации Сценария 1 экономическая эффективность природоохранных затрат будет выше, чем при реализации Сценария 2. Это обусловлено более высокой концентрацией загрязнителей воздуха в городских и пригородных районах по сравнению с сельской местностью. Городские и пригородные районы других населенных пунктов также могли бы извлечь выгоду из улучшения качества междугородного сообщения, хотя и в меньшей степени, чем пилотные города. Поэтому, этап расширения масштаба следует начать с выполнения Сценария 1.

Наиболее существенный прогресс ожидается в выполнении задач по сокращению выбросов CO_2 и NO_x. Очевидно, что с началом реализации второго этапа программы произойдет значительное увеличение объема сокращения выбросов. Предполагается, что к концу второго этапа согласно Сценарию 2 объем выбросов CO_2 уменьшится на 73 944 тонны/год. Это означает, что выбросы CO_2 сократятся на 42.2% по сравнению с базовым уровнем.[26] Что касается NO_x, ожидается уменьшение выбросов на 1 444 тонны/год. Это означает, что выбросы NO_x сократятся на 83.5% по сравнению с базовым уровнем. Оценка объема сокращения выбросов проводилась с использованием метода нормативных факторов загрязнения.

В относительном выражении наиболее ощутимый прогресс ожидается в решении проблемы выбросов мелких твердых частиц – $ТЧ_{2.5}$. К концу второго этапа согласно Сценарию 2, выбросы $ТЧ_{2.5}$ сократятся на 98.8% по сравнению с базовым уровнем (или на 35 тонн/год). Выбросы SO_2 сократятся на 88.9% по сравнению с базовым уровнем при ежегодном сокращении выбросов на 29 тонн. Выбросы CO сократятся на 76.3% по сравнению с базовым уровнем (или на 301 тонну/год).

Реализация программы и институциональная среда

Для осуществления программы необходимы институциональные механизмы, обеспечивающие прозрачность и экономическую эффективность принятых решений. В отчете содержится анализ нескольких возможных вариантов процедурных и институциональных механизмов:

- предложение по процедурам управления проектным циклом (УПЦ), включая критерии приемлемости, критерии оценки проектов, порядок ранжирования проектов и правила финансирования.
- предложение по созданию институционального механизма, состоящего из трех уровней:

- Учреждение-разработчик программы (УР): В целом, УР отвечает за разработку программы. Министерство сельского хозяйства, регионального развития и окружающей среды (МСХРРОС) в сотрудничестве с Министерством экономики и инфраструктуры будет осуществлять общий надзор за выполнением программы. Однако экологическое подразделение МСХРРОС имеет в своем штате всего 29 сотрудников.
- Учреждение-исполнитель (УИ): На УИ возлагаются обязанности по разработке регламента выполнения программы. УИ должно консультироваться со службой (службами) технической поддержки в процессе разработки и применения данного регламента. УИ также будет заниматься продвижением программы, поиском бенефициаров и оценкой проектных предложений бенефициаров на предмет соответствия критериям приемлемости. Кроме того, УИ будет снабжать МСХРРОС информацией об ожидаемом количестве бенефициаров и их финансовых потребностях. УИ будет отчитываться перед МСХРРОС о расходах по программе. Это позволит МСХРРОС отслеживать выполнение бюджета на тот или иной год (программный цикл) и по тем или иным типам проектов («корзины» проектов).
- Служба технической поддержки (СТП): СТП предоставит специализированную помощь, консультацию и экспертные знания в области энергетической и топливной эффективности, КПГ, СНГ, современных дизельных автобусов и троллейбусов, а также по вопросам уменьшения загрязнения воздуха и выбросов ПГ. Национальное агентство автомобильного транспорта (Agenția Națională Transport Auto – ANTA)[27] может взять на себя эту роль. Агентство подчиняется Министерству экономики и инфраструктуры (бывшее Министерство транспорта и дорожной инфраструктуры). В случае необходимости можно найти других потенциальных кандидатов на роль СТП.

В Молдове есть ряд учреждений, которые могут быть выбраны для управления программой. Наиболее предпочтительным вариантом является уже существующий Национальный экологический фонд, который входит в состав МСХРРОС. Большую часть работы по программе можно распределить между сотрудниками Министерства и Фонда в качестве повседневных обязанностей. Однако изменения в структуре Министерства могут повлечь за собой различные изменения в самом Фонде вплоть до его объединения с Региональным фондом развития.

В Молдове существует несколько учреждений таких, как Фонд энергетической эффективности, который был создан при поддержке международного сообщества. Фонд уже имеет опыт реализации программ «зеленых» инвестиций, однако он не готов к расширению сферы деятельности за счет охвата Программы ЭЧОТ. Существующие планы по созданию профильных учреждений, предназначенных для управления Фондом регионального развития с перспективой объединения последнего с Фондом охраны окружающей среды, могут оказаться верным путем к укреплению институционального потенциала.

Местный банк или группа банков, отобранных по результатам открытого тендера, могут взять на себя выполнение обязанностей УИ после подписания договора о сотрудничестве с МСХРРОС. Агентство по охране окружающей среды также является потенциальным кандидатом на роль УИ.

Каким бы ни был окончательный выбор, учреждение-исполнитель должно обладать достаточной степенью независимости. Это позволит ему принимать решения, основанные на определенных правилах и критериях в соответствии с целями программы, не подвергаясь политическому влиянию. Поскольку разработка программы – это политический процесс, обязанности по разработке программы и управлению проектным циклом должны быть четко определены и разграничены. При этом управление проектным циклом входит в сферу ответственности УИ.

В Молдове существуют потенциальные механизмы финансового стимулирования перехода на экологически чистый общественный транспорт. Как упоминалось ранее, в Молдове уже есть действующий механизм субсидирования, который применяется различными местными фондами.

Возможность использования финансовых ресурсов автобусных перевозчиков в совокупности с государственными субсидиями, призванными мотивировать автобусных перевозчиков к инвестированию собственных финансовых средств, рассматривалась в качестве варианта № 2. Данный вариант предполагает увеличение доли государственного субсидирования и участие центрального органа в реализации программы.

Заинтересованность банковского сектора в оказании финансовой поддержки программе делает возможным реализацию варианта № 1, предусматривающего привлечение коммерческих кредитов в сочетании с государственной поддержкой в виде кредитных гарантий и относительно небольшой суммы государственной субсидии, которая может быть предоставлена автобусным перевозчикам для погашения части кредита. В этом случае сохраняется потребность в привлечении учреждения-исполнителя программы, однако его роль будет сведена к разработке программы, установлению правил, процедур и осуществлению мониторинга. Местные банки установят непосредственное сотрудничество с бенефициарами.

Основные препятствия и возможности

В Молдове банки не оказывают существенного влияния на экономическое развитие и деловую активность в стране. Стремительные темпы инфляции в сочетании с высоким уровнем суверенного кредитного риска Молдовы наблюдались вплоть до 2016 года. Это привело к установлению высоких процентных ставок и ограничению возможностей по привлечению доступных и долгосрочных банковских кредитов. Отсутствие доступа к долгосрочным кредитам является постоянной проблемой в банковской системе страны.

Поэтому, несмотря на доминирующее положение банков в финансовом секторе Молдовы, их роль в качестве финансовых посредников сведена к минимуму. Это объясняется как с высокими процентными ставками, так и жесткими требованиями к обеспечению кредитов. С другой стороны, банки сталкиваются с такими проблемами, как отсутствие приемлемых для банковского финансирования проектов и низкие показатели возврата (погашения) кредитов. В случае с операторами общественного транспорта данные проблемы могут быть обусловлены низкими тарифами на пассажирские перевозки.

Масштабное мошенничество в банковском секторе, ставшее достоянием общественности в ноябре 2014 года, также способствовало возникновению нынешней ситуации. Со счетов трех ведущих банков Молдовы (Banca de Economii,[28] Unibank и Banca Sociala) исчезло более миллиарда долларов США, что соответствует 15% годового ВВП страны или половине всех золотовалютных резервов Национального банка Молдовы.[29] Для спасения вышеупомянутых банковских учреждений была выделена финансовая помощь, которая обошлась правительству почти в половину годового бюджета Молдовы и положила начало давно назревшему процессу очищению банковского сектора.

Это привело к «обвалу» национальной валюты с точки зрения еврозоны и национальной экономики в целом. Годовой ВВП упал в третий раз за последние шесть лет, предыдущие падения случились в 2009 и 2012 годах. Однако этот третий по счету «обвал» национальной валюты оказался не таким стремительным, как первый.[30] В период с ноября 2014 по ноябрь 2015 года молдавская валюта потеряла примерно 18% своей стоимости по отношению к евро.[31] Обесценивание валюты было также связано со спекулятивной атакой на молдавский лей, спровоцированной новостью о внезапно «пропавшем» миллиарде. Это также привело к общему росту цен (например, цены на электричество для бытовых нужд выросли на 30%),[32] в то время как зарплаты и пенсии были заморожены. Всемирный банк, Международный валютный фонд и Европейский союз приостановили финансовую поддержку страны.

С тех пор банковскому сектору Молдовы в значительной степени удалось восстановить доверие населения, однако коррупция все еще остается нерешенной проблемой.

Кыргызстан

Анализ транспортного сектора и уровня загрязнения воздуха

В Кыргызстане относительно низкий уровень выбросов парниковых газов (ПГ). Это объясняется главным образом тем, что 90% всей выработки электроэнергии в стране обеспечивается гидроэлектростанциями. Объем вредных выбросов транспортного сектора учитывается как составная часть общего объема вредных выбросов энергетического сектора. Транспорт в совокупности с прочими процессами сжигания топлива генерирует примерно 71% от общего объема вредных выбросов в энергетическом секторе (USAID, 2017[13]).[33]

На долю транспортного сектора приходится примерно 28% от общего объема выбросов ПГ в Кыргызстане, а в таких городах, как Бишкек, вклад транспорта в загрязнение воздуха составляет 75%. Большая часть общественного транспорта устарела и нуждается в замене. По состоянию на 2017 год 54% совокупного парка общественного транспорта Кыргызстана (приблизительно 6 240 единиц транспорта) находятся в эксплуатации более 15 лет. Следовательно, более половины средств общественного транспорта уже исчерпали свой эксплуатационный ресурс. В парке микроавтобусов (5 370 единиц транспорта) дела обстоят еще хуже – около 89% всех микроавтобусов находятся в эксплуатации более 10 лет. Автобусы и микроавтобусы работают в основном на дизельном топливе, при этом дизельные двигатели, как правило, соответствуют стандартам Евро-4/IV или ниже. Структурные и технические особенности транспортного сектора также являются весомым фактором крайне высокого уровня загрязнения воздуха в Кыргызстане. К таковым относится исключительно важное значение автотранспорта для внутренних перевозок в сочетании с недостаточно развитой сетью станций технического контроля.

Кыргызстан все еще отстает в плане разработки современных нормативов выбросов вредных веществ применительно к двигателям легковых автомобилей, а также крупнотоннажных грузовых автомобилей и автобусов. Начиная с 2013 года, на территории государств-членов Евразийского экономического союза действуют постсоветские межгосударственные стандарты – ГОСТы.[34] В 2014 году Евразийская экономическая комиссия одобрила решение о повышении стандартов до уровня Евро-5. На территории Кыргызстана новые стандарты вступят в силу в 2019 году, однако они будут применяться исключительно к топливу, но не к автомобильным двигателям. Требования к выбросам транспортных средств и соответствующим видам топлива нередко вступают в противоречие друг с другом.[35] Объем потребления топлива в транспортном секторе существенно сократился в период с 1993 по 1997 год вследствие изменений в структуре национального автопарка: количество грузовых автомобилей и автобусов значительно уменьшилось, в то время как количество легковых автомобилей увеличилось.[36]

Вследствие вышеупомянутых структурных и технических особенностей автотранспорт является одной из главных причин высокого уровня загрязнения воздуха в двух крупнейших городах Кыргызстана. Следует заметить, что возраст большинства транспортных средств в Кыргызстане превышает десять лет. Автомобили и автобусы работают преимущественно на дизельном топливе, при этом используемые дизельные двигатели едва ли соответствуют стандартам Евро-4/IV, в то время как в Европе применяются двигатели стандарта Евро-6/VI.

В рамках программы основное внимание будет уделено поддержке перехода на использование современных троллейбусов и автобусов, работающих на экологически чистых видах топлива, таких как КПГ и СНГ. Другими словами, устаревшие автобусы будут заменены современным дизельным транспортом, при этом троллейбусные сети будут расширены. Переход к чистому транспорту позволит сократить выбросы загрязняющих веществ таких, как твердые частицы NO_x и SO_2. Внедрение эффективной системы технического контроля для автотранспорта также будет способствовать достижению целей по сокращению вредных выбросов в атмосферу.

Агентство по гидрометеорологии при Министерстве чрезвычайных ситуаций Кыргызской Республики (Кыргызгидромет) осуществляет мониторинг качества воздуха. Для этих целей Кыргызгидромет использует 14 стационарных постов, расположенных в пяти городах Кыргызстана, в которых проживает около 64% городского населения страны. Однако данные о загрязнении воздуха в городских районах Кыргызстана отсутствуют или не размещаются в открытом доступе. Нужно заметить, что стационарные посты Кыргызгидромета оборудованы устаревшими лабораториями, в которых ощущается нехватка анализаторов выбросов для сбора данных об уровне загрязнения.

Основными источниками загрязнения атмосферного воздуха являются электростанции, объекты горнодобывающей и перерабатывающей промышленности, предприятия по производству строительных материалов, а также муниципальный и частный сектор. Крупнейшие города Кыргызстана особенно сильно страдают от загрязнения воздуха, вызванного человеческой жизнедеятельностью. В частности, речь идет о выбросах автотранспорта и продуктах горения угля, используемого для отопления жилых домов и общественных зданий. Комбинированная угольно-газовая теплоэлектростанция мощностью 666 МВт является источником огромного объема выбросов в Бишкеке. Расположение теплоэлектростанции внутри города лишь усиливает ее пагубное воздействие на окружающую среду.

Значительное воздействие автотранспорта на окружающую среду в Кыргызстане объясняется высокой интенсивностью автоперевозок и неудовлетворительным техническим состоянием автопарка. Превышение норм выбросов, установленных для автотранспорта, обусловлено двумя факторами: возрастом автомобилей, а также неэффективным техническим контролем и обслуживанием. По данным Государственного агентства охраны окружающей среды и лесного хозяйства (ГАООСЛХ) ежегодно в атмосферную среду Бишкека выбрасывается 240 000 тонн загрязняющих веществ, из которых 180 000 тонн приходится на выбросы автотранспорта (Levina, M., 2018[14]).[37]

В 2018 году Национальный совет по устойчивому развитию утвердил новую Национальную стратегию развития (*«Жаны доорго – кырк кадам»*) на 2018–2040 года. В транспортном секторе стратегия предусматривает переход к экологически чистым видам транспорта с использованием электромобилей и электрификацией железных дорог (GoK, 2018[15]). Стратегия развития автомобильного транспорта на 2012–2015 гг. в качестве одной из целей указывала улучшение технического состояния автотранспорта с учетом опыта зарубежных стран. Стратегия также была направлена на ограничение эксплуатации транспортных средств, не отвечающих установленным нормам вредных выбросов (GoK, 2012[16]).

Для достижения этих целей потребуется привлечение значительных ресурсов как со стороны частного сектора, так и со стороны государства. Однако действующие пассажирские тарифы очень низкие. По состоянию на 2018 стоимость проезда в Бишкеке составляла 0.12-0.15 доллара США, а в городе Ош – 0.09-0.15 доллара США. Доступ к кредитным средствам ограничен высокими процентными ставками. Например, средняя процентная ставка по трехгодичному кредиту составляла 15.8% годовых в национальной валюте и 9.2% годовых в иностранной валюте.[38] Вышеупомянутые города владеют большей частью автопарка соответствующих муниципалитетов, и они уже успели привлечь кредиты на реализацию программ развития общественного транспорта. Наличие действующих обязательств по погашению кредитов, полученных в основном через ЕБРР, понижает уровень кредитоспособности городов. Без государственной поддержки или повышения пассажирских тарифов процесс модернизации автопарка общественного транспорта будет затягиваться и дальше.

В системе общественного транспорта Кыргызстана задействовано 252 поставщика услуг по пассажирским перевозкам, в том числе 35 компаний, предоставляющих услуги маршрутного такси, в которых занято 12 000 человек. На рынке пассажирских перевозок также присутствуют 69 предприятий (агентств), созданных структурными подразделениями Министерства транспорта и дорог Кыргызской Республики.

Автомобильный транспорт является основным видом наземного транспорта, и его доля на рынке наземных перевозок продолжает расти. В то же время пассажиропоток троллейбусного транспорта медленно, но неуклонно падает. Пассажиропоток автобусного транспорта растет, хотя и не такими быстрыми темпами, как пассажиропоток автомобильного транспорта.

Анализ программы

Предполагается, что инвестиционная программа будет реализована в два этапа. На первом этапе пилотными инвестициями будут охвачены города Бишкек[39] и Ош.[40] На втором этапе (расширение масштаба) будет заменена остальная часть устаревшего автобусного и микроавтобусного парка в городах Бишкек и Ош, а также старые автобусы на пригородных и некоторых междугородных маршрутах Кыргызстана.

По самым скромным оценкам в Бишкеке насчитывается примерно 2 800 микроавтобусов (70% всего микроавтобусного парка столицы) возрастом более 15 лет. Свыше 90% микроавтобусов исчерпали свой эксплуатационный ресурс, срок полезной службы микроавтобусов обычно не превышает 7 лет. В автобусном парке наблюдается примерно та же картина – около 70% автобусов давно исчерпали свой эксплуатационный ресурс, срок полезной службы автобусов обычно не превышает 12 лет.[41] В троллейбусном парке дела обстоят лучше – всего лишь 5 из 100 троллейбусов (5% от общего количества) можно отнести к категории давно устаревших (старше 15 лет). В то же время более половины всех столичных троллейбусов находятся в эксплуатации менее пяти лет. Следует заметить, что полезный срок службы троллейбусов более длительный (15-20 лет). Следовательно, по меньшей мере 95% столичных троллейбусов еще не исчерпали свой эксплуатационный ресурс.[42]

Согласно программам ЕБРР, троллейбусные парки Оша и Бишкека имеют схожую структуру. Возраст большей части троллейбусного парка Оша (23 из 40 троллейбусов или 60%) не превышает 5 лет. Всего лишь два троллейбуса (5%) полностью амортизированы, то есть находятся в эксплуатации не менее 15 лет. Средний возраст автобусного и микроавтобусного парка Оша немного выше, чем в Бишкеке. Около 75% автобусов в Оше исчерпали свой эксплуатационный ресурс (12 лет). По меньшей мере 97% микроавтобусов старше семи лет, срок полезной службы обычно не превышает 7 лет с поправкой на пробег и уровень обслуживания. Всего лишь 396 из 2 332 микроавтобусов (17%) и 134 из 530 автобусов (25%) находятся в эксплуатации менее 15 лет (все данные по состоянию на 2016 год).

По результатам анализа местного рынка экологически чистых видов топлива и источников энергии были отобраны четыре портфеля инвестиционных проектов. В рамках этих проектов основное внимание уделяется замене устаревшего городского, пригородного и междугородного автопарка на современные транспортные средства, работающие на следующих видах топлива:

1. КПГ
2. электричество (аккумуляторные и безаккумуляторные троллейбусы)
3. СНГ
4. дизельное топливо стандарта Евро-5 и Евро-6.

Ввиду постепенного устаревания автопарка Кыргызстана предлагаемые портфели проектов направлены на оказание помощи в приобретении новых транспортных средств, а не на модернизацию используемых двигателей. Предлагаемые портфели инвестиционных проектов должны сопровождаться дополнительными (частными или государственными) инвестициями в создание новых троллейбусных линий, станций заправки КПГ- и СНГ-топливом, а также станций зарядки электромобилей. Также следует принять вспомогательные меры по усовершенствованию транспортной системы в городах, например, создание выделенных полос для движения общественного транспорта, улучшение автобусных остановок и внедрение интеллектуальной системы управления уличным движением.

Поскольку нынешний автопарк Кыргызстана включает в себя слишком большое количество микроавтобусов, приоритетное внимание в рамках Программы ЭЧОТ будет сосредоточено на замене части микроавтобусов рейсовыми автобусами. Хотя закупка СНГ-автобусов имеет средний приоритет, городские власти Бишкека и Оша не планируют инвестировать средства в СНГ-транспорт. По этой причине результаты расчетов с использованием модели OPTIC не включают в себя данные по СНГ-автобусам. Если же руководство вернется к рассмотрению данного варианта, модель можно использовать для повторного расчета с учетом данных по СНГ-автобусам.[43]

Обновление автопарка приведет к повышению надежности и эффективности общественного транспорта. Внутренний рынок получит стимул к запуску производства или, по крайней мере, узловой сборки современных автобусов и троллейбусов.

Первый и второй этап программы включают в себя следующие мероприятия по замене старого транспорта:

- Первый (пилотный) этап программы охватит ограниченное количество транспортных средств в центральных районах пилотных городов (Бишкек и Ош). Сюда входит замена старых троллейбусов и расширение парка КПГ-автобусов для замены дизельных микроавтобусов. В общей сложности планируется закупить 115 троллейбусов и 288 новых КПГ-автобусов.
- Второй этап программы (расширение масштаба) охватит остальные районы пилотных городов (пригороды), а также междугородные автобусные линии, обеспечивающие сообщение между сельскими районами Кыргызстана. В рамках Этапа 2 предусмотрено дальнейшее расширение парка КПГ-автобусов для охвата пригородных и некоторых междугородных маршрутов. В общей сложности планируется закупить 870 КПГ-автобусов и 90 современных дизельных автобусов.

Этап 1

Пилотный этап Программы ЭЧОТ предусматривает закупку 216 новых транспортных средств для нужд общественного транспорта в **Бишкеке**, включая следующее:

- Замена 78 старых троллейбусов на аналогичное количество современных троллейбусов. Это станет логическим продолжением уже начавшейся реализации программы по замене 52 старых автобусов.
- Закупка дополнительных 20 троллейбусов для усиления существующего транспортного парка. Основные ресурсы следует направить на расширение парка аккумуляторных троллейбусов для охвата наиболее отдаленных районов Бишкека, не имеющих доступа к электропитающей сети троллейбусного транспорта.[44]
- Замена 78 старых дизельных автобусов на аналогичное количество КПГ-автобусов. Это станет логическим продолжением программы по закупке 52 новых КПГ-автобусов, запланированной на 2018 год.
- Замена 200 старых дизельных микроавтобусов на 40 новых КПГ-автобусов.[45]

В системе общественного транспорта Бишкека используется большое количество микроавтобусов, работающих в основном на дизельном топливе. Городские власти планируют постепенный вывод из эксплуатации этих микроавтобусов за счет расширения сетей троллейбусного и автобусного транспорта, работающего на КПГ-топливе. Хотя СНГ-транспорт также иногда используется в

Кыргызстане, показатели выбросов CO_2 от СНГ-двигателей превышают показатели выбросов от КПГ-двигателей.

Общий объем инвестиций на реализацию программы ЭЧОТ в Бишкеке оценивается в 2 209 млн кыргызских сомов (31.81 млн долларов США). При этом доля государственного финансирования в рамках программы составит 1 263 млн сомов (18.18 млн долларов США). Частные или муниципальные автобусные перевозчики и городские власти Бишкека инвестируют 946 млн сомов (13.62 млн долларов США).

Ош – второй по численности населения город в Кыргызской Республике. Помимо Бишкека, это единственный кыргызский город с собственной троллейбусной линией и развитой системой общественного транспорта.

Пилотный этап Программы ЭЧОТ предусматривает закупку 187 новых транспортных средств для нужд общественного транспорта в Оше, включая следующее:

- Закупка 17 новых троллейбусов в качестве логического продолжения программы ЕБРР, в рамках которой уже произведена замена 23 троллейбусов.
- Замена 50 старых дизельных автобусов на аналогичное количество КПГ-автобусов.
- Замена 600 старых дизельных микроавтобусов на 120 КПГ-автобусов.

Общий объем инвестиций на реализацию программы ЭЧОТ в Оше оценивается в 1 879 млн сомов (27.28 млн долларов США). При этом доля государственного финансирования в рамках программы ЭЧОТ составит 774 млн сомов (11.24 млн долларов США). Частные или муниципальные автобусные перевозчики и городские власти Оша инвестируют 1 104 млн сомов (16.03 млн долларов США).

В целом, реализация пилотного этапа приведет к закупке 115 новых троллейбусов и 288 новых КПГ-автобусов. Данные целевые показатели основываются на трех допущениях. Во-первых, предполагается, что Кыргызстан обладает достаточным рыночным потенциалом для осуществления ежегодных поставок необходимого количества современных транспортных средств. Во-вторых, предполагается, что частные и муниципальные автобусные перевозчики способны инвестировать средства в приобретение новых активов в течение одного года. В-третьих, предполагается, что правительство способно инвестировать средства в развитие вспомогательной инфраструктуры.

В более широком контексте закупка 98 новых троллейбусов для Бишкека и 17 троллейбусов для Оша будет опираться на опыт предыдущих программ, финансируемых ЕБРР, по замене троллейбусов, реализация которых началась в 2011 (Бишкек) и 2014 годах (Ош). Кроме того, парк общественного транспорта в обоих пилотных городах включает в себя большое количество микроавтобусов, работающих в основном на дизельном топливе, которые подлежат безотлагательной замене. В связи с этим в Бишкеке планируется заменить 200 старых дизельных микроавтобусов на 40 рейсовых КПГ-автобусов, а в Оше произойдет замена 600 дизельных микроавтобусов на 120 КПГ-автобусов.

Суммарный объем инвестиций на реализацию пилотного этапа Программы ЭЧОТ оценивается в 4 088 млн сомов (59.36 млн долларов США). При этом доля государственного финансирования должна составить 2 037 млн сомов (29.58 млн долларов США).

Этап 2

Расчет количества новых автобусов, планируемых к закупке на 2-м этапе Программы ЭЧОТ, был выполнен с учетом количества старых дизельных автобусов, оснащенных двигателями стандарта Евро-4 или ниже, и микроавтобусов, предоставляющих услуги общественного пассажирского транспорта. Данный расчет также учитывает возможность сокращения микроавтобусного парка и замены половины всех микроавтобусов на рейсовые автобусы, то есть автобусы длиной более 10 метров.

Этап 2 (этап расширения масштаба) рассчитан на срок до пяти лет. В рамках второго этапа Программы предусмотрена закупка дополнительных 870 КПГ-автобусов: 730 – для Бишкека, 80 – для Оша и 60 – для обслуживания междугородных маршрутов. Парк междугородного транспорта будет усилен за счет приобретения 90 новых дизельных автобусов. Суммарный объем инвестиций на реализацию второго этапа оценивается в 9 603 млн сомов (139.43 млн долларов США). При этом доля государственного финансирования должна составить 3 762 млн сомов (54.63 млн долларов США).

Микроавтобусы преобладают в системе общественного транспорта Кыргызстана, в то время как рейсовые автобусы обслуживают лишь небольшое количество городских и междугородних маршрутов. Поэтому второй этап Программы ЭЧОТ предусматривает замену половины используемых микроавтобусов на экологически чистые микроавтобусы, а другая половина будет заменена рейсовыми автобусами, способными вместить в пять раз больше пассажиров.

Обобщенные результаты и выгоды от реализации программы

В результате реализации обоих этапов Программы ЭЧОТ транспортный парк Кыргызстана получит 1 363 единицы нового городского, пригородного и междугородного транспорта: 1 158 КПГ-автобусов, 115 троллейбусов и 90 современных дизельных автобусов. Суммарный объем инвестиций на реализацию всей Программы ЭЧОТ оценивается в 13 691 млн сомов (198.8 млн долларов США). При этом доля государственного финансирования составит 5 799 млн сомов (84.21 млн долларов США).

Наиболее существенный прогресс ожидается в выполнении задач по сокращению выбросов CO_2 и NO_x. Очевидно, что с началом реализации второго этапа программы произойдет значительное увеличение объема сокращения выбросов. Предполагается, что к концу второго этапа объем выбросов CO_2 уменьшится на 68 506 тонн/год. Это означает, что выбросы CO_2 сократятся на 47.3% по сравнению с базовым уровнем.[46] Если говорить о NO_x, ожидается уменьшение выбросов на 1 236 тонн/год. Это означает, что выбросы NO_x сократятся на 86.4% по сравнению с базовым уровнем. Оценка объема сокращения выбросов проводилась с использованием метода нормативных факторов загрязнения.

В относительном выражении, наиболее ощутимый прогресс ожидается в решении проблемы выбросов SO_2. К концу второго этапа выбросы SO_2 сократятся на 99.6% по сравнению с базовым уровнем (или на 27 тонн/год). Выбросы ТЧ сократятся на 98.7% по сравнению с базовым уровнем (или на 29 тонн/год). Выбросы CO сократятся на 94.0% по сравнению с базовым уровнем (или на 307 тонн/год).

Реализация программы и институциональная среда

Для осуществления программы необходимы институциональные механизмы, обеспечивающие прозрачность и экономическую эффективность принятых решений. В отчете содержится анализ нескольких возможных вариантов процедурных и институциональных механизмов:

- предложение по процедурам управления проектным циклом (УПЦ), включая критерии приемлемости, критерии оценки проектов, порядок ранжирования проектов и правила финансирования.
- предложение по созданию институционального механизма, состоящего из трех уровней:
    - Учреждение-разработчик программы (УР): В целом, УР отвечает за разработку программы. Министерство экономики должно взять на себя эту роль. Министерство экономики в сотрудничестве с Государственным агентством охраны окружающей среды

и лесного хозяйства (ГАООСЛХ) также будет осуществлять общий надзор за выполнением программы. Министерство воспользуется своим кадровым потенциалом и ресурсами для выполнения обязанностей по разработке программ. В процессе выполнения своих обязанностей УР будет консультироваться с другими профильными правительственными учреждениями, профессиональными ассоциациями, местными муниципалитетами и неправительственными организациями по мере необходимости. Кроме того, представителям вышеуказанных органов и учреждений может быть предложено членство и консультативная роль в наблюдательном совете программы.

- Учреждение-исполнитель (УИ): На УИ возлагаются обязанности по разработке регламента выполнения программы. УИ должно консультироваться со службой технической поддержки в процессе разработки и применения данного регламента. На роль УИ можно выбрать местный банк или группу банков. Банки, победившие в открытом тендере на предоставление данной услуги, подпишут договор о сотрудничестве с Министерством экономики. Альтернативными кандидатами на роль УИ являются Агентство по продвижению и защите инвестиций (АПЗИ),[47] ГАООСЛХ и Региональный экологический центр Центральной Азии (РЭЦЦА).[48] УИ будет снабжать Министерство экономики информацией об ожидаемом количестве бенефициаров и их финансовых потребностях. Кроме того, УИ будет заниматься продвижением программы, поиском и оценкой бенефициаров на предмет соответствия критериям приемлемости. Иначе говоря, УИ возьмет на себя обязанности по управлению проектным циклом. УИ будет информировать Министерство экономики о потребностях бенефициаров в кредитовании и субсидировании. Это позволит Министерству экономики отслеживать выполнение бюджета на тот или иной год (программный цикл) и по тем или иным типам проектов («корзины» проектов).
- Служба технической поддержки (СТП): СТП предоставит специализированную помощь, консультацию и экспертные знания в области энергетической и топливной эффективности, КПГ, СНГ, современных дизельных автобусов и троллейбусов, а также по вопросам уменьшения загрязнения воздуха и выбросов ПГ. АПЗИ, ГАООСЛХ и РЭЦЦА являются потенциальными кандидатами на роль СТП, однако они не смогут совмещать обязанности УИ и СТП. В случае необходимости можно найти других потенциальных кандидатов на роль СТП.

Каким бы ни был окончательный выбор, учреждение-исполнитель должно обладать достаточной степенью независимости. Это позволит ему принимать решения, основанные на определенных правилах и критериях в соответствии с целями программы, не подвергаясь политическому влиянию. Поскольку разработка программы – это политический процесс, обязанности по разработке программы и управлению проектным циклом должны быть четко определены и разграничены. Управление проектным циклом входит в сферу ответственности УИ.

В Кыргызстане существует ряд потенциальных механизмов финансового стимулирования перехода на экологически чистый общественный транспорт, включая государственную поддержку (субсидии) или последующее кредитование местных органов власти на основании открытой кредитной линии в банке развития (например, в ЕБРР или Азиатском банке развития – АБР). Вместе с тем следует отметить, что нет необходимости финансировать данную программу исключительно за счет государственных субсидий. Одной из особенностей сектора общественного транспорта является возможность снижения эксплуатационных затрат путем замены старого автопарка новыми моделями и перехода на использование экологически чистого топлива. Следовательно, государственная финансовая поддержка должна быть направлена прежде всего на стимулирование роста инвестиций, а не на финансирование рентабельных проектов, которые могут быть реализованы и без участия государства.

Основные препятствия и возможности

В Кыргызстане относительно низкий уровень выбросов ПГ. Однако в будущем объем вредных выбросов увеличится в результате запланированного и ожидаемого развития национальной экономики, если не будут приняты контрмеры. Вышесказанное вместе с результатами анализа загрязнения воздуха в кыргызских городах служит достаточным обоснованием программы ЭЧОТ с точки зрения общественной безопасности, здравоохранения и защиты окружающей среды. Автотранспорт вносит наибольшую лепту в загрязнение атмосферы. Следовательно, замена устаревших транспортных средств на современные автобусы большой вместимости, работающие на дизельном топливе или природном газе, поспособствует снижению уровня загрязнения воздуха твердыми частицами, а также NO_x и SO_2. Реализация программы также поможет странам достичь поставленных целей по сокращению выбросов ПГ.

Однако, одного лишь улучшения показателей энергоемкости транспортных средств (мегаджоуль/пассажиро-километр или мегаджоуль/тонно-километр) и углеродоемкости используемых видов топлива (CO_2е/мегаджоуль) будет явно недостаточно.

Чтобы уменьшить вредные выбросы городского общественного транспорта, в дополнение к инвестициям в модернизацию транспортного парка необходимо принять целый комплекс мер, а именно:

- устранение или уменьшение потребности в совершении поездок путем улучшения качества городского планирования или изменения индивидуального поведения местных жителей
- переход с личных автомобилей на немоторизованные виды транспорта (ходьба, велопоездки) или общественный транспорт
- усовершенствование транспорта с помощью технических средств особенно в том, что касается энергоемкости транспортных средств и углеродоемкости различных видов топлива и энергоносителей.

В этой связи следует отметить, что расширение дорог приведет лишь к дальнейшему повышению интенсивности движения городского транспорта. Развитие общественного транспорта в сочетании с массовым использованием немоторизованных видов транспорта открывает широкие возможности для смягчения последствий человеческой жизнедеятельности. Первым шагом в данном направлении должно стать увеличение количества и пассажировместимости средств общественного транспорта (автобусов и троллейбусов). Диверсификация структуры транспортного парка, повышение энергоэффективности и переход с личного автомобиля на общественный транспорт как средство передвижения также позволить повысить устойчивость экономики к росту цен на энергоносители (дизель, газ, электричество). Строгие правила эксплуатации изношенного транспорта, адекватный уровень технического обслуживания и технического контроля транспортных средств являются обязательными условиями для вышесказанного.

Однако без повышенного спроса на данные виды услуг также не обойтись. Экономическую и экологическую жизнеспособность общественного транспорта можно обеспечить только за счет увеличения спроса. Улучшение качества услуг общественного транспорта в соответствии с ожиданиями пассажиров, включая перепроектировку сети городского транспорта, сделает его более привлекательным для городских жителей. Это также приведет к снижению социальных издержек в связи с использованием транспорта таких, как потерянное из-за дорожных заторов время, загрязнение воздуха, аварии и т. д. В целом, социальные издержки могут привести к снижению ВВП на несколько процентов, хотя подобные исследования в Кыргызстане не проводились.

По данным ассоциации велосипедистов «Bicycle Kyrgyzstan», в Бишкеке насчитывается две велосипедные дорожки и около 10 000 единиц велотранспорта. Однако всего лишь 10% владельцев велосипедов используют их как средство передвижения по причине неразвитости инфраструктуры немоторизованного транспорта, низкого уровня безопасности дорожного движения и высокого уровня загрязнения воздуха. Неправительственные организации такие, как «Bicycle Kyrgyzstan» или молодежное экологическое движение «MoveGreen», играют незаменимую роль в проведении исследований и информационных кампаний, направленных на изменение предпочтений и поведения граждан. Невозможно прийти к экологически рациональному решению, руководствуясь исключительно финансовыми соображениями такими, как снижение затрат на общественный или немоторизованный транспорт.

Выводы

Автотранспорт несет большую часть ответственности за загрязнение атмосферного воздуха. В городских районах на долю автотранспорта приходится более 75% от общего объема выбросов загрязняющих веществ при гораздо более низком уровне потребления первичной энергии. Следовательно, замена изношенного парка общественного транспорта на современные КПГ- и СНГ-автобусы или дизельные автобусы стандарта Евро-5/6 позволит уменьшить объем вредных выбросов в атмосферу. В первую очередь, это касается выбросов ТЧ, NO_x и SO_2. Вышеупомянутые меры будут способствовать достижению национальных целей по сокращению выбросов ПГ.

Результаты расчетов с использованием модели OPTIC свидетельствуют о том, что общие затраты на реализацию Программы ЭЧОТ будут весьма значительными. Новые технологии стоят дороже, пока рынок не достиг стадии зрелости. Следовательно, государственная финансовая поддержка необходима для оказания помощи муниципальным и частным операторам общественного транспорта в переходе на использование современного и экологически чистого автопарка.

При расчете оптимального уровня государственной поддержки (в виде субсидии) учитывается несколько факторов. Эксплуатация транспортных средств, использующих альтернативные виды топлива, обходится дешевле в виду сравнительно низких цен на эти виды топлива. Сравнительно низкие затраты на обслуживание и ремонт обусловлены более высокой надежностью новых транспортных средств, отсюда необходимость замены полностью амортизированных транспортных средств.

По этим причинам программа ЭЧОТ не должна полностью финансироваться за счет государственных субсидий. Программа направлена на увеличение инвестиций операторов общественного транспорта в модернизацию автопарка. Данные инвестиции не позволяют извлекать слишком высокую прибыль из проектов по замене транспорта и не направлены на стимулирование закупок транспортных средств, которые могут быть осуществлены без государственной поддержки.

В любом случае, применение надежной методологии для оценки стоимости инвестиционной программы, определения оптимального уровня субсидирования и прогнозирования ожидаемых экологических выгод способствует укреплению доверия к Программе ЭЧОТ со стороны национальных и международных государственных инвесторов.

Существует несколько возможных вариантов институциональных механизмов управления программой. Однако оптимальный механизм следует выбирать только после подробного рассмотрения всех элементов программы и достижения консенсуса по ее приоритетам.

Каким бы ни был окончательный выбор, применяемые процедуры и институциональная структура программы должны обеспечивать экологическую эффективность, бюджетную дисциплину, а также рациональное использование финансовых и кадровых ресурсов. В дальнейшем, правительству необходимо позаботиться о выделении ресурсов, квалифицированных специалистов и инструментов в количестве, достаточном для реализации программы.

Результаты анализа свидетельствуют о наличии механизмов государственного финансирования в Казахстане, Кыргызстане и Молдове, которые способны профинансировать программу ЭЧОТ. Международные финансовые институты и доноры такие, как ЕБРР или АБР, раньше играли ключевую роль в проектах по модернизации парка общественного транспорта на территории постсоветских стран. Государственное финансирование непосредственно из бюджета либо через специальные фонды (транспортная инфраструктура, окружающая среда или региональное развитие) не использовалось на практике. Операторам общественного транспорта были предоставлены муниципальные гарантии для поддержания их кредитоспособности. В то же время частные перевозчики не получили таких гарантий.

В случае невозможности использования анализируемых внутригосударственных источников финансирования для прямого субсидирования закупок нового общественного транспорта следует рассмотреть возможность их применения для финансирования необходимых вспомогательных мероприятий (например, развитие инфраструктуры и оказание технической помощи).

Ссылки

AOS (2011), *Results of the 2009 National Population Census of the Republic of Kazakhstan*, Analytical Report, Agency on Statistics of Kazkhstan, Astana, http://www.liportal.de/fileadmin/user_upload/oeffentlich/Kasachstan/40_gesellschaft/Kaz2009_Analytical_report.pdf. [17]

BCI and TUM (2006), *Management of Urban Public Transport in Chisinau Municipality (in Romanian)*, Business Consulting Institute and Technical University of Moldova, Chisinau, http://bci.md/media/files/MTPUMC%20Final.pdf. [9]

EO PoK (2016), *State Programme for Infrastructure Development 'Nurly Zhol' for 2015-2019*, Executive Office of the President of Kazakhstan, Astana, https://economy.gov.kz/ru/pages/gosudarstvennaya-programma-infrastrukturnogo-razvitiya-nurly-zhol-na-2015-20. [2]

EO PoK (2013), *Concept for Transition of the Republic of Kazakhstan to Green Economy*, Executive Office of the President of Kazakhstan, Astana, https://www.oneplanetnetwork.org/resource/concept-transition-republic-kazakhstan-green-economy. [4]

GoK (2018), *National Development Strategy of the Kyrgyz Republic for 2018-2040*, Government of Kyrgyzstan, Bishkek, http://donors.kg/images/National_Development_Strategy_of_KR_2018-2040_final_ENG.docx. [15]

GoK (2015), *Intended Nationally Determined Contribution – Submission of the Republic of Kazakhstan*, Government of the Republic of Kazakhstan, Astana, http://www4.unfccc.int/submissions/INDC/Published%20Documents/Kazakhstan/1/INDC%20Kz_eng.pdf. [1]

GoK (2012), *Strategy for Development of Road Transport in the Kyrgyz Republic for 2012-2015 (in Russian)*, Government of Kyrgyzstan, Bishkek, http://cbd.minjust.gov.kg/act/view/ru-ru/93738?cl=ru-ru. [16]

GoM (2018), *Programme on Promotion of Green Economy in the Republic of Moldova for 2018-2020 (in Romanian)*, Government of Moldova, Chisinau, https://gov.md/sites/default/files/document/attachments/intr05-1_0.pdf. [8]

GoM (2013), *Third National Communication of the Republic of Moldova under the UN Framework Convention on Climate Change*, Government of Moldova, Chisinau, https://unfccc.int/resource/docs/natc/mdanc3.pdf. [12]

JICA (2013), *The Study on Improvement of Urban Transportation in Bishkek City of the Kyrgyz Republic*, Final Report, October 2013, Japan International Cooperation Agency, Tokyo, http://open_jicareport.jica.go.jp/pdf/12127585_01.pdf. [18]

Kazhydromet & MoE (2016), *Information Bulletin on the Condition of Environment for 2015 (in Russian)*, Kazakhstan's National Hydrometeorological Service – Kazhydromet, and the Ministry of Energy of the Republic of Kazakhstan, Astana, https://kazhydromet.kz/ru/monitor_beluten_archiv2015. [3]

Levina, M. (2018), "Smog over Kyrgyzstan capital city: Causes, effects, and solutions", Vol. The Times of Central Asia, 27 January, http://www.timesca.com/index.php/news/26-opinion-head/19261-smog-over-kyrgyzstan-capital-city-causes-effects-and-solutions (дата просмотра 30 августа 2019). [14]

Lovasz, A. and N. Gizitdinov (2012), "Kazakhstan may limit borrowing by state companies", *KazWorld.info, 22 May*, https://www.bloomberg.com/news/articles/2012-05-21/kazakhstan-may-limit-borrowing-by-state-companies-zamishev-says (дата просмотра 6 июня 2017). [7]

Mokrenko, A. (2017), "Air pollution in Bishkek exceeds maximum permissible concentration 2-3 times", *News Agency 24.kg* 28 December, https://24.kg/english/72240_Air_pollution_in_Bishkek_exceeds_maximum_permissible_concentration_2-3_times (дата просмотра 30 августа 2019). [21]

NSC (2016), *Environment in the Kyrgyz Republic, Statistical Compilation 2011-2015*, National Statistical Committee of the Kyrgyz Republic, Bishkek, http://stat.kg/media/publicationarchive/8c0e9d22-6bb6-4145-b1d6-8311da33521d.pdf. [19]

NSC (2009), *Population and Housing Census of the Kyrgyz Republic of 2009. Book I: Main Social and Demographic Characteristics of Population and Number of Housing Units*, National Statistical Committee of the Kyrgyz Republic, Bishkek, https://unstats.un.org/unsd/demographic-social/census/documents/Kyrgyzstan/A5-2PopulationAndHousingCensusOfTheKyrgyzRepublicOf2009.pdf. [20]

OECD (2011), *Greening Public Budgets in Eastern Europe, Caucasus and Central Asia*, OECD Publishing, Paris, https://dx.doi.org/10.1787/9789264118331-en. [26]

OECD (2007), *Handbook for Appraisal of Environmental Projects Financed from Public Funds*, OECD Environmental Finance Series, OECD Publishing, Paris, http://www.oecd.org/env/outreach/38786197.pdf. [24]

OECD (2006), *Recommendation of the Council on Good Practices for Public Environmental Expenditure Management*, OECD, Paris, http://www.oecd.org/env/outreach/38787377.pdf. [25]

Secrieru, S. (2014), *Bumps on Russia's road to the Eurasian Economic Union: Postponed integration, costly enlargement and delayed international recognition*, Policy Paper No. 10 (93), Polish Institute for International Affairs, Warsaw, https://www.files.ethz.ch/isn/181803/PISM%20Policy%20Paper%20no%2010%20(93).pdf. [6]

Tanas, A. (2017), "Moldova says ready to start recovering stolen billion", *Reuters,* 13 April, http://www.reuters.com/article/moldova-banking/moldova-says-ready-to-start-recovering-stolen-billion-idUSL8N1HL3U1 (дата просмотра 30 августа 2019). [23]

UNDP (2015), *Energy Efficiency in Transport Sector of the Republic of Kazakhstan: Current Status and Measures for Improvement*, Analytical Report, UNDP / GEF Project City of Almaty Sustainable Transport, United Nations Development Programme, Almaty, http://alatransit.kz/sites/default/files/energy_efficiency_in_transport_sector_of_the_republic_of_kazakhstan.pdf. [5]

UNECE (2014), *Third Environmental Performance Review of the Republic of Moldova*, United Nations Economic Commission for Europe, Geneva, http://www.unece.org/fileadmin/DAM/env/epr/epr_studies/ECE_CEP_171_En.pdf. [10]

USAID (2017), *Greenhouse Gas Emissions in Kyrgyzstan*, USAID Factsheet, United States Agency for International Development, Washington, DC, http://www.climatelinks.org/sites/default/files/asset/document/2017_USAID_GHG%20Emissions%20Factsheet%20Kyrgyzstan.pdf. [13]

Whewell, T. (2015), "The great Moldovan bank robbery", *BBC News* 18 June, http://www.bbc.com/news/magazine-33166383 (дата просмотра 30 августа 2019). [22]

WHO (2009), *Republic of Moldova, Country Profile of Environmental Burden of Disease,*, World Health Organization, Geneva, http://www.who.int/quantifying_ehimpacts/national/countryprofile/republicofmoldova.pdf?ua=1. [11]

Примечания

[1] Некоторые эксперты выразили сомнения по поводу данного целевого показателя. Они считают его недостаточно определенным и нереалистичным с учетом установленных временных рамок (краткосрочных и среднесрочных). Например, в других странах типичным показателем доступности транспортных услуг для населения является доля домашних хозяйств в сельской местности, имеющих доступ к автобусной остановке, расположенной на расстоянии не более 800 м и обеспечивающей почасовое или ежедневное транспортное обслуживание.

[2] Согласно индексу загрязнения атмосферы, в Казахстане насчитывается 14 городов с низким уровнем загрязнения, три города с повышенным уровнем загрязнения и пять городов с высоким уровнем загрязнения, а именно, Усть-Каменогорск, Алматы, Жезказган, Шымкент, Караганда и Темиртау. Замена устаревших автобусов современными автобусами, работающими на дизельном топливе или природном газе, позволит снизить уровень загрязнения воздуха твердыми частицами, а также NO_x и SO_2.

[3] Костанай – город, расположенный на реке Тобол в северной части Казахстана (близ границы с Российской Федерацией), административный центр Костанайской области. Население города составляет около 215 000 человек, в то время как в Костанайской области проживает 886 000 человек (AOS, 2011[17]). Хорошо налажено автомобильное сообщение с пятью российскими городами, а также с Нур-Султаном и Алматы в Казахстане и железнодорожное сообщение (регулярные поставки нефти из Российской Федерации и других регионов Казахстана).

[4] Шымкент – город, расположенный в южной части Казахстана недалеко от границы с Узбекистаном. По данным переписи населения за 2009 год, в городе проживало 603 000 человек (AOS, 2011[17]). По приблизительным оценкам, в 2018 году население города составляло около миллиона человек. По численности населения город ненамного уступает Алматы и Нур-Султану. В 2018 году Шымкент стал третьим по счету городом Казахстана (наряду с Алматы и Нур-Султаном), получившим равнозначный области статус (город республиканского значения). До этого момента город выполнял роль административного центра Южно-Казахстанской области (нынешнее название – Туркестанская область). Это, безусловно, самый густонаселенный регион в Казахстане (21.1 чел./$км_2$ по сравнению с 8.1 чел./$км^2$ в Алматинской области, занимающей второе место по показателю плотности населения) с населением 2 469 000 человек (AOS, 2011[17]). Шымкент – это крупный железнодорожный узел на Туркестано-Сибирской ж/д магистрали. Город также является региональным культурным центром с собственным международным аэропортом.

[5] В будущем дизельные автобусы могут получить более высокий приоритет в том случае, если Казахстан внедрит стандарты чистого топлива и введет строгие ограничения на вредные выбросы в атмосферу применительно к дизельным двигателям.

[6] Необходимо нарастить внутренние мощности. Иностранные поставщики, в частности, из Китайской Народной Республики и Российской Федерации, могут составить конкуренцию отечественным производителям в виду отсутствия импортных пошлин на автобусы, изготовленные с использованием экологически чистых технологий. По данным ТОО «Daewoo Bus Kazakhstan», для увеличения внутреннего производства автобусов на 500 единиц нужно создать 130 новых рабочих мест без учета управленческих расходов. Причиной столь скромного прогноза роста занятости является относительная простота производственного процесса, который скорее представляет собой узловую сборку, нежели полноценное производство. Если удастся запустить полноценное внутреннее производство в Казахстане, прямой эффект от запуска оценивается в 600–800 новых рабочих мест. Если снабжение производителя товарами и услугами будет обеспечено по большей части местными поставщиками, общее количество рабочих мест в стране может увеличиться на несколько тысяч с учетом занятости на малых и средних предприятиях.

[7] В Костанае будет сложно реализовать проект по внедрению КПГ-автобусов, принимая во внимание географическую отдаленность города от магистральных газопроводов, проложенных по территории Казахстана. Однако Костанай находится близ границы с Россией, а расстояние до крупных российских городов таких, как Челябинск и Магнитогорск, также не слишком велико. Следовательно, город может наладить поставки более качественного дизельного топлива и автомобильного бензина.

[8] Шымкент расположен рядом с магистральным газопроводом. Город приступил к развитию инфраструктуры современного общественного транспорта. По состоянию на 2016 год в системе городского транспорта эксплуатировалось 200 КПГ-автобусов и уже имелись в наличии станции заправки КПГ-топливом.

[9] В Казахстане насчитывается 23 областных центра, но в четырех из них отсутствуют старые автобусы (старше 15 лет). Следовательно, эти четыре города не вправе рассчитывать на финансовую поддержку согласно сценарию 1 второго этапа программы. Однако в двух из этих четырех городов имеются автобусы старше десяти лет, что дает им право на получение финансирования в соответствии со сценарием 2 второго этапа.

[10] Эти показатели отображают объемы выбросов только тех транспортных средств, которые подлежат замене (базовый показатель), и объемы выбросов нового автопарка (целевой показатель), а не суммарный объем выбросов совокупного парка общественного транспорта в Казахстане.

[11] Данное обстоятельство было отмечено представителями ЕБРР и упомянуто ими на одной из встреч с командой ОЭСР в Астане.

[12] МФЦА позиционирует себя как финансовый хаб Центральной Азии, Кавказа, Евразийского экономического союза, Ближнего Востока, Западного Китая, Монголии и Европы. «Зеленое» финансирование определено в качестве одного из шести основных направлений деятельности МФЦА наряду с развитием рынков капитала, управлением активами, исламским финансированием, банковским обслуживанием частных клиентов. В настоящее время МФЦА не считает возможным взять на себя роль учреждения-исполнителя. Однако МФЦА может оказать помощь в мобилизации льготного финансирования. Данный вид финансовой поддержки может основываться на предоставлении льгот по налогам таким, как подоходный налог с физических лиц, подоходный налог с предприятий, земельный налог или налог на недвижимое имущество на период до 2066 года. Для получения более подробной информации смотрите ссылку: https://aifc.kz.

[13] АО «Жасыл даму» участвует в разработке и реализации государственной политики в области экологии, экологической безопасности, экологических норм и стандартов. Данная организация также оказывает помощь в усовершенствовании природоохранного законодательства и выполнении обязательств Казахстана в рамках международных конвенций по охране окружающей среды и климата (www.zhasyldamu.kz).

[14] Проектная команда посетила социально-предпринимательскую корпорацию «Тобол» (www.spk-tobol.kz), рассматриваемую в качестве кандидата на роль учреждения-исполнителя программы в пилотном городе Костанай. СПК «Тобол» – один из 16 центров обслуживания инвесторов, созданных правительством по всему региону. СПК «Тобол» управляет областными бюджетными ресурсами, выделяемыми на поддержку различных деловых инициатив и программ. Другим потенциальным учреждением-исполнителем программы в пилотном городе Шымкент является СПК «Шымкент»: http://openspk.kz.

[15] Для получения дополнительной информации о Программе партнерства «Зеленый мост» на 2011-2020 смотрите ссылку: https://sustainabledevelopment.un.org/partnership/?p=2237.

[16] Данные НБС по вредным выбросам автомобильного транспорта доступны по адресу: http://statbank.statistica.md/pxweb/pxweb/en/10%20Mediul%20inconjurator/10%20Mediul%20inconjurator__MED030/MED030400.px/table/tableViewLayout1/?rxid=b2ff27d7-0b96-43c9-934b-42e1a2a9a774; данные по вредным выбросам стационарных источников хозяйственных субъектов доступны по адресу: http://statbank.statistica.md/pxweb/pxweb/en/10%20Mediul%20inconjurator/10%20Mediul%20inconjurator__MED030/MED030100.px/table/tableViewLayout1/?rxid=e30e37d0-43ff-4b5b-835f-c0252bf87a4d.

[17] Государственный информационно-ресурсный центр «*Registru*» (http://www.asp.gov.md/), в настоящий момент находится при Агентстве государственных услуг (www.asp.gov.md/en/date-statistice).

[18] Информация приводится согласно результатам измерений, проведенных Муниципальным центром профилактической медицины на восьми стационарных постах в Кишиневе, а также согласно данным Государственной гидрометеорологической службы «Гидрометео» (www.meteo.md).

[19] Для сравнения данных (WHO, 2009[11]) с информацией из банка данных Глобальной обсерватории здравоохранения за июль 2018 года перейдите по ссылке: http://apps.who.int/gho/data/node.main.BODAMBIENTAIRDTHS?lang=en.

[20] Статистические данные ВОЗ касательно Молдовы доступны по адресу: www.euro.who.int/en/countries/republic-of-moldova/data-and-statistics.

[21] Средневзвешенные процентные ставки Национального банка Молдовы по новым кредитам и депозитам, а также данные по объему выданных кредитов и привлеченных депозитов доступны по адресу: www.bnm.md/bdi/pages/reports/dpmc/DPMC4.xhtml.

[22] Будучи столицей и основным промышленным и торговым центром Молдовы, Кишинев также является главным транспортным узлом страны благодаря выгодному географическому положению. Это самый густонаселенный город в Молдове. Согласно данным последней переписи за 2014 год, население города составляло 533 000 человек, а население муниципалитета – 663 000 человек (http://statistica.gov.md/pageview.php?l=en&idc=479), а по данным НБС за 2018 год, население города составляло около 690 000 человек, население муниципалитета - 826 000 человек

(https://statbank.statistica.md/PxWeb/pxweb/en/60%20Statistica%20regionala/60%20Statistica%20regionala__02%20POP__POP/POP010300reg.px/?rxid=b2ff27d7-0b96-43c9-934b-42e1a2a9a774). В результате, Кишинев располагает наиболее развитой сетью общественного транспорта. Начиная с 2010 года, городские власти и ЕБРР участвуют в совместном финансировании программы по модернизации части троллейбусного парка.

[23] Бельцы – второй по величине город в Молдове. Согласно данным последней переписи за 2014 год, население города составляло 102 000 человек (http://statistica.gov.md/pageview.php?l=en&idc=479). По данным НБС за 2018 год, население города составляло 147 000 человек, и еще 5 000 человек проживало в близлежащих коммунах муниципалитета Бельцы (https://statbank.statistica.md/PxWeb/pxweb/en/60%20Statistica%20regionala/60%20Statistica%20regionala__02%20POP__POP/POP010300reg.px/?rxid=b2ff27d7-0b96-43c9-934b-42e1a2a9a774). Помимо Кишинева, это единственный город с собственной троллейбусной линией и хорошо развитой системой общественного транспорта. Кроме того, город расположен рядом с магистральным газопроводом, идущим из Российской Федерации в Европейский союз через территорию Украины. Подобно Кишиневу, Бельцы участвуют в программе ЕБРР по обновлению части троллейбусного парка, начиная с 2013 года.

[24] В Молдове нет действующего производства (экологически чистых) автобусов по причине отсутствия спроса на новые автобусы. Однако успешная реализация проекта ЕБРР в Кишиневе привела к запуску последующего проекта по лицензированной сборке белорусских троллейбусов. Этот пример доказывает, что создание спроса с помощью Программы ЭЧОТ может поспособствовать запуску внутреннего производства или, по крайней мере, узловой сборки в сотрудничестве с более крупным производителем.

[25] Предполагается, что финансирование в рамках пилотного этапа программы должно быть направлено на закупку КПГ-микроавтобусов, а не СНГ-микроавтобусов. Хотя СНГ-транспорт довольно часто используется в Молдове, показатели выбросов CO_2 от СНГ-двигателей превышают показатели выбросов от КПГ-двигателей.

[26] Эти показатели отображают объемы выбросов только тех транспортных средств, которые подлежат замене (базовый показатель), и объемы выбросов нового автопарка (целевой показатель), а не суммарный объем выбросов совокупного парка общественного транспорта в Молдове.

[27] Национальное агентство автомобильного транспорта (https://anta.gov.md).

[28] На тот момент времени это был крупнейший банк страны.

[29] В 2010-2014 годах были «отмыты» и вывезены за рубеж денежные средства в размере, эквивалентном одной восьмой ВВП страны, используя для этих целей финансовую систему Латвии. Деньги поступили на счета фирм, зарегистрированных в Великобритании и Гонконге, посредством ряда операций, не имевших разумного экономического обоснования (фиктивные кредиты, обмен активами и сделки с акционерами) (Whewell, 2015[22]); (Tanas, 2017[23]).

[30] Данные Всемирного Банка по результатам исследования национальных счетов, свидетельствующие о росте ВВП Молдовы, доступны по адресу: https://data.worldbank.org/indicator/NY.GDP.MKTP.KD.ZG?locations=MD.

[31] Информация об официальных обменных курсах Национального банка Молдовы доступна по адресу: www.bnm.md/en/content/official-exchange-rates.

[32] В период с первой половины 2015 года по первую половину 2016 года: www.statistica.md/public/files/serii_de_timp/resurse_energetice/infraanuale/Energy_prices_HH_eng.xls.

[33] По данным за 2013 год, полученным с помощью инструмента анализа климатических показателей Института мировых ресурсов, на долю энергетического сектора приходится большая часть (61.1%) от общего объема выбросов ПГ в масштабах государства без учета сектора землепользования, изменений в землепользовании и лесного хозяйства (ЗИЗЛХ). За ним следуют выбросы сельского хозяйства (28.4%), промышленного производства (5.7%) и сектора утилизации отходов (4.8%).

[34] ГОСТ = государственный стандарт.

[35] Информация почерпнута из личного общения с представителями Центра развития возобновляемых источников энергии и энергоэффективности (www.creeed.net).

[36] По данным Национального статистического комитета Кыргызской Республики, на конец 2016 года совокупный автопарк страны насчитывал около 735 000 единиц транспорта, в том числе более 600 000 легковых автомобилей, 93 000 грузовых автомобилей, 10 000 автомобилей специального назначения, а также более 32 000 автобусов и микроавтобусов.

[37] Для сравнения стационарные объекты ежегодно генерируют около 50 000 тонн вредных выбросов в атмосферу (NSC, 2016[19]).

[38] Данные по состоянию на начало 2019 года. См. информацию на сайте Национального банка Кыргызской Республики (www.nbkr.kg).

[39] Бишкек – столица Кыргызстана. Согласно данным последней переписи, население Бишкека составляет 865 000 человек, и это самый густонаселенный город в стране (NSC, 2009[20]). Бишкек выделен в самостоятельную административно-территориальную единицу (независимый город – *шаар*). Город также выполняет роль административного центра в Чуйской области за исключением периода 2003-2006 гг. Это самый северный регион Кыргызстана с населением 791 000 человек (NSC, 2009[20]). Бишкек является финансовым центром страны, здесь расположены офисы национального банка, коммерческих банков и прочих финансовых учреждений.

[40] Ош – второй по величине город в Кыргызстане. Согласно данным последней переписи, население города составляет 243 000 человек (NSC, 2009[20]). Помимо Бишкека, это единственный кыргызский город с собственной троллейбусной линией и развитой системой общественного транспорта. Город также называют «столицей юга», учитывая его 3 000-летнюю историю (самый древний город в Кыргызстане). Не считая столицы, это единственный населенный пункт в Кыргызстане, наделенный административным статусом независимого города (*шаар*). Начиная с 1939 года, Ош выполняет роль административного центра Ошской области. Население области составляет около миллиона человек (NSC, 2009[20]). Это самый южный регион Кыргызстана, и он считается южным центром национальной промышленности и торговли. Как и Бишкек, Ош участвует в программе ЕБРР по обновлению части своего автопарка, начиная с 2014 года.

[41] Информация приводится согласно данным Национального статистического комитета (НСК), в то время как мэрия Бишкека сообщила об отсутствии в городском автопарке транспортных средств старше 15 лет. Эти показатели отличаются от национальной статистики по Бишкеку, вероятно, потому что национальная статистика не учитывает возможность снятия устаревшего транспорта с регистрационного учета.

[42] Помимо устаревшего транспортного парка, в последние годы Бишкек и Ош столкнулись с проблемой резкого увеличения интенсивности дорожного движения (JICA, 2013[18]). Учитывая нынешнюю пропускную способность дорожной сети, города не могут справиться с растущим объемом движения. Согласно генеральному плану, городские дороги рассчитаны на движение 40 000 - 45 000 автомобилей, однако сегодня ими пользуются около 500 000 автомобилистов (Mokrenko, A., 2017[21]). Всего лишь 14 новых дорог введены в эксплуатацию за последние 10 лет.

[43] Хотя СНГ-транспорт используется в Кыргызстане в основном частными собственниками автотранспорта, включая частных операторов общественного транспорта, показатели выбросов CO_2 от СНГ-двигателей превышают показатели выбросов от КПГ-двигателей. Поэтому предполагается, что в рамках программы будет финансироваться закупка КПГ-транспорта, а не СНГ-транспорта.

[44] Несмотря на то, что троллейбусы оснащены аккумуляторами малой емкости, они обходятся дешевле в эксплуатации и техническом обслуживании по сравнению с электробусами. Аккумуляторные троллейбусы имеют ограниченный запас хода (зависящий от емкости аккумулятора), но на протяжении большей части городского маршрута аккумуляторный троллейбус использует электропитающую сеть города. Таким образом, троллейбусный аккумулятор можно заряжать на ходу.

[45] Предполагается, что в рамках программы будет профинансирована закупка КПГ-микроавтобусов, а не СНГ-микроавтобусов. Хотя СНГ-транспорт также иногда используется в Кыргызстане, показатели выброса CO_2 от СНГ-двигателей превышают показатели выбросов от КПГ-двигателей.

[46] Эти показатели отображают объемы выбросов только тех транспортных средств, которые подлежат замене (базовый показатель), и объемы выбросов нового автопарка (целевой показатель), а не суммарный объем выбросов совокупного парка общественного транспорта в Кыргызстане.

[47] Агентство по продвижению и защите инвестиций (http://invest.gov.kg).

[48] Региональный экологический центр Центральной Азии (http://carececo.org).

4 Ключевые выводы и рекомендации

В этой главе вкратце изложены основные возможности и проблемы, связанные с запуском и успешной реализацией программ «зеленых» инвестиций. В частности, особое внимание уделяется роли международного сообщества и внутригосударственных секторов в создании необходимых финансовых стимулов и обеспечении системной поддержки программы. Например, управление инвестиционными программами может пробудить интерес частного сектора к участию в проектах с добавленной социальной ценностью. Кроме того, перед государственным сектором стоит важнейшая задача по устранению стратегических барьеров и недостатков в нормативно-регуляторной, институциональной и организационной базе соответствующей страны. Все это необходимо для развития энергоэффективного, экологичного и удобного для пользователей общественного транспорта. В конце главы и отчета в целом предлагаются возможные способы преодоления вышеупомянутых барьеров.

Внутреннее и международное «зеленое» финансирование

Ожидается, что преобладающая часть ресурсов, необходимых для поддержки программ «озеленения» экономики, будет поступать из частного сектора. Тем не менее, государственный сектор также играет важную роль, особенно в том, что касается создания стимулов и поддержки внедрения новых технологий. Основными направлениями инвестиций в рамках программы станут возобновляемые источники энергии, энергоэффективность и газотранспортная инфраструктура. Одним из возможных способов расширения доступа к ограниченным государственным ресурсам является повышение эффективности и результативности управления государственными фондами.

По мере эволюции режима глобального климата, начиная с 2012 года, доноры и международные финансовые институты (МФИ) уже вынашивают планы по инвестированию значительных ресурсов на поддержку стран. Предполагается, что международные механизмы углеродного финансирования в значительной степени будут полагаться на внутристрановые системы при отборе и реализации программ и проектов. Например, Зеленый климатический фонд (ЗКФ) недавно был создан в рамках РКИК ООН.

Приоритетным направлением деятельности ЗКФ является смягчение последствий и адаптация к изменению климата. Один из основополагающих принципов ЗКФ является полное распоряжение целевой страны инвестициями, которые должны согласовываться с национальными стратегическими приоритетами. Разработка государственных инвестиционных программ с четко определенными приоритетами увеличивает шансы страны на получение финансовой поддержки со стороны ЗКФ (после создания институциональных механизмов доступа к средствам Фонда) или других международных источников финансирования.

В общем, те страны, которые выработают необходимые навыки по разработке экономически обоснованных государственных инвестиционных программ в соответствии с передовой международной практикой, смогут эффективно конкурировать в борьбе за получение финансовой поддержки, а также задействовать донорские и бюджетные средства. Следовательно, заинтересованные стороны, принимающие ключевые решения по вопросам охраны климата в соответствующих странах, должны быть наделены полномочиями по подбору портфелей экономически эффективных проектов. Благодаря этому, они повысят свою конкурентоспособность и будут иметь больше шансов на получение международной поддержки. К ключевым заинтересованным сторонам относятся Министерство энергетики Казахстана, Министерство сельского хозяйства, регионального развития и окружающей среды Молдовы и Государственное агентство охраны окружающей среды и лесного хозяйства Кыргызстана.

Кроме того, правительственные учреждения должны проявить готовность к применению передовых методов управления государственными расходами таких, как подотчетность, прозрачность и эффективность. Для успешной реализации программ необходимо, чтобы они были интегрированы в национальные стратегии развития и среднесрочные бюджетные процессы, как среднесрочные прогнозы расходов (СПР). Например, Молдова стала одной из первых стран ВЕКЦА, внедривших среднесрочное прогнозирование в свой ежегодный бюджетный процесс. Правительство Молдовы накопило значительный опыт в составлении среднесрочных прогнозов расходов, в том числе в экологическом секторе, однако не может похвастаться тем же, когда речь заходит об их фактическом осуществлении.

Создание нормативной базы для «зеленых» инвестиций

Ниже перечислены различные регуляторные барьеры на пути успешной реализации программы. Национальные правительства должны пересмотреть соответствующие нормативно-правовые базы и принять все возможные меры по устранению существующих барьеров, прежде чем приступить к разработке программы и решению вопроса о ее финансировании.

- **Недостаток ресурсов для подготовки и управления программой**. Подготовка, включая поиск и привлечение финансовых средств, и реализация программы ЭЧОТ – это весьма трудоемкий процесс, требующий укрепления потенциала в области отбора, реализации и мониторинга проектов (управление проектным циклом).
- **Низкий уровень кредитоспособности частных операторов общественного транспорта**. Независимо от способа софинансирования Программы ЭЧОТ, частным автобусным перевозчикам придется воспользоваться кредитными средствами или лизинговыми услугами, чтобы внести свою долю инвестиций в программу. Однако большинство из них обладает ограниченной кредитоспособностью и нуждается в поддержке. Существует несколько возможных вариантов оказания поддержки. Перевозчики могут получать прямую финансовую помощь в виде субсидий. Министерство финансов как основной гарант государственного долга может выдавать гарантии по банковским кредитам. Программа ЭЧОТ также может предоставлять банковские гарантии. Следует заметить, что инструмент коммерческого кредитования приобретения современных автобусов применяется в редких случаях.
- **Неадекватные пассажирские тарифы**. Стандартный тариф на проезд в общественном транспорте составляет всего лишь 0.09 доллара США за поездку без учета дополнительных скидок и льгот. Некоторые тарифы не пересматривались на протяжении более десяти лет. Очевидно, что действующие тарифы нужно увеличить, исходя из результатов анализа чувствительности для определения оптимального уровня тарифа. В противном случае, автобусные перевозчики могут оказаться не в состоянии погасить свои кредиты.
- **Недостаток координации действий и слабая коммуникация**. Муниципальные власти прилагают заметные усилия по улучшению качества услуг общественного транспорта, уменьшению загруженности дорог и снижению уровня загрязнения воздуха в городах. Для этих целей они, прежде всего, вводят ограничения на количество операторов микроавтобусного транспорта (маршруток). Однако четкая информация об этих усилиях не доводится до сведения всех заинтересованных сторон. Кроме того, не налажен обмен информацией о будущих маршрутах, видах транспортных средств, которые будут обслуживать данные маршруты, необходимом количестве автобусов и операторах данных автобусов. Учитывая то, что Министерство финансов уже участвует в подготовке проекта по привлечению внешнего финансирования, оно также может взять на себя роль координатора для налаживания межведомственного сотрудничества.
- **Отсутствие адекватных финансовых продуктов, адаптированных под секторальные нужды**. Коммерческие банки занимают доминирующее положение в довольно насыщенных финансовых секторах стран-партнеров. Однако их роль в качестве финансовых посредников сведена к минимуму из-за высоких процентных ставок и требований к обеспечению кредитов. Банки также сталкиваются с различными трудностями такими, как отсутствие приемлемых для банковского финансирования проектов и низкие показатели возврата кредитов. В случае с операторами общественного транспорта данные трудности могут быть обусловлены вышеупомянутыми низкими тарифами на пассажирские перевозки.
- **Незаинтересованность в покупке транспортных средств с более экономичным расходом топлива**. Помимо создания правильных стимулов, правительству нужно убедить потребителей в преимуществах использования новых технологий (например, длительный

срок полезной службы) и новых видов топлива (например, более низкие цены). С этой целью правительство должно предоставить точную, исчерпывающую и своевременную информацию – это одна из возможных обязанностей правительственного учреждения-исполнителя Программы ЭЧОТ.

Ключевые рекомендации по реализации программы

Укрепить потенциал учреждений, занимающихся подготовкой и реализацией программы

Хотя все три страны были заинтересованы в подготовке данной программы и имели четкое представление об общей направленности программы после выполнения первоначальной работы по отбору проектов, ни одна из стран не была готова немедленно приступить к ее осуществлению. Основной причиной тому является отсутствие финансирования: в бюджетах этих стран не предусмотрены денежные средства на реализацию программы. Бюджетный процесс не отличается особой гибкостью. Во-первых, требуется общее согласие правительства по вопросу выделения государственных средств на реализацию конкретной программы. Затем программу нужно включить в бюджетный процесс, что означает не менее одного года подготовительной работы. Кроме того, все три страны стремились получить доступ к внешним (международным) источникам финансирования для реализации программы. Данное стремление было вполне объяснимо, однако для достижения этой цели требуется адаптация программы под нужды конкретных доноров и подготовка соответствующих досье. Согласно планам трех целевых стран, первый год отводится на подготовку программы и привлечение финансовых ресурсов. Однако для выполнения этих задач нужно задействовать исполнительное учреждение, включающее по крайней мере нескольких экспертов. Ни в одной из трех стран до сих пор не существует подобного учреждения.

Таким образом, отсутствие полномочий исполнителя программы у соответствующих учреждений (уже существующих или вновь создаваемых) является ключевым барьером для реализации экологических программ. Данная ситуация отчасти обусловлена тем фактом, что ни одна из трех стран не имеет опыта реализации столь масштабных программ экологических инвестиций.

К настоящему моменту завершена подготовка и проведена презентация трех тематических исследований, анализирующих примеры из практики Австрии, Чехии и Польши. Опыт этих стран свидетельствует о том, что соответствующие программы невозможно реализовать в институциональном вакууме.

В случае с австрийской программой *«klimaaktiv»* полномочия исполнителя в рамках институциональной структуры были разделены между Министерством по вопросам охраны окружающей среды (в настоящее время – Министерство устойчивого развития и туризма) и частным учреждением, доказавшим свою способность выполнять программы «зеленых» инвестиций. Компания «Коммуналкредит Паблик Консалтинг» осуществляет управление примерно 3 000 проектов на ежегодной основе, участвует в управлении механизмом субсидирования в интересах австрийского Фонда охраны окружающей среды и управления водными ресурсами, а также участвует в реализации австрийской программы «Совместное осуществление (СО) / Механизм экологически чистого развития (МЭЧР)». Программа была разработана по согласованию с Министерством финансов и Министерством транспорта, инноваций и технологий, и осуществляется при поддержке Австрийского фонда климата и энергетики.

В Польше программа была разработана и реализована Национальным фондом охраны окружающей среды и водного хозяйства. Это крупное учреждение, располагающее всем необходимым для подготовки и осуществления программы. Польский фонд охраны окружающей среды имеет в своем штате 609 сотрудников и управляет большим количеством программ «зеленых» инвестиций.

В Чешской Республике программы поддержки общественного транспорта были подготовлены профильными министерствами и реализованы городскими властями.

Иными словами, три вышеупомянутые страны имеют большой опыт работы в рамках различных программ, финансируемых ЕС. В то же время ни Казахстан, ни Молдова, ни Кыргызская Республика не имеют учреждений с подобным опытом.

Усилить технический контроль в транспортном секторе

Стратегические и регуляторные барьеры, выявленные в рамках данного исследования, во многом перекликаются с проблемами, стоящими перед другими странами. Правительство должно принять следующие меры для успешной реализации программы:

- **Ужесточить нормы выбросов отработанных газов для (дизельных) двигателей, тем самым приблизив их к европейским стандартам**. Ни Казахстан, ни Молдова, ни Кыргызстан до сих пор не разработали современные нормы выбросов отработанных газов как для двигателей легковых автомобилей, так и для двигателей крупнотоннажных грузовых автомобилей и автобусов. В 2014 году Еврокомиссия утвердила новые стандарты вредных выбросов автотранспорта – Евро-6. Ни в одной из стран-партнеров до сих пор не введен в действие в полном объеме аналог экологического стандарта Евро-4, внедренного в Европейском союзе еще в 2005 году. Начиная с 1 января 2020 года, на территории Молдовы вступает в силу требование о приведении допущенного к эксплуатации автобусного транспорта в соответствие с экологическими нормами Евро-1. В Кыргызстане стандарты Евро-5 вступят в силу в 2019 году, однако действие этих стандартов будет распространяться только на топливо, а не на двигатели.
- **Повысить стандарты качества (дизельного) топлива**. Невозможно ввести в действие современные нормы выбросов для дизельных двигателей, если доступное на рынке топливо не соответствует определенным стандартам. Агрегаты современного двигателя чувствительны к низкокачественному топливу. Кроме того, количество выбросов SO_2 напрямую зависит от уровня содержания серы в топливе. В 2016 году Казахстан внедрил стандарты качества топлива Евро-4. Дизельное топливо стандарта Евро-5 приходится импортировать, и по большей части оно доступно лишь в приграничных с Россией районах. Доступное на рынке Молдовы дизельное топливо соответствует стандартам Евро-5. По всей видимости, этого будет достаточно для проведения модернизации транспортного парка в масштабах всего государства. Однако действующие законодательные требования основываются на постсоветских стандартах качества, несовместимых со стандартами ЕС. На рынке Кыргызстана также можно найти топливо стандарта Евро-5, однако большая часть доступного на рынке дизельного топлива соответствует лишь стандартам Евро-3.
- **Ужесточить требования к проведению технического осмотра**. В Казахстане, Молдове и Кыргызстане автобусы и микроавтобусы проходят технический осмотр в обязательном порядке, чего нельзя сказать о прошлых временах. Однако эти осмотры не отличаются особой строгостью в плане контроля уровня выбросов. В условиях слабой системы технического надзора и обслуживания операторы общественного транспорта лишены стимулов к приведению своего автопарка в соответствие с более высокими стандартами на выбросы. Необходимо внедрить более высокие стандарты технического осмотра и соответствующее законодательство, в котором будут прописаны сферы ответственности и санкции за несоблюдение требований. Таким образом, можно обеспечить более эффективное государственное регулирование транспортной деятельности.

Внедрить адекватные ценовые сигналы

Хотя КПГ- и СНГ-топливо стоят дешевле дизельного топлива, закупка КПГ- и СНГ-автобусов обходится дороже, поскольку требуется установка дополнительного оборудования. Автобусным перевозчикам не дали четких стимулов к переходу на использование экологически чистого топлива, получаемого из возобновляемых источников энергии или же более чистых видов ископаемого топлива. Замена устаревшего и неэффективного дизельного и электрического транспорта не только оказывает положительное влияние на состояние окружающей среды и общественного здоровья, но также сулит значительные выгоды от роста эффективности[1]. Поэтому инвестиционная программа усилиями правительства должна обеспечивать необходимые финансовые стимулы для привлечения инвестиций в транспортный сектор.

Опыт стран ЕС свидетельствует о том, что наиболее высокий уровень потребления сопутствующего природного газа наблюдается в транспортных секторах стран с самыми низкими налоговыми ставками, то есть там, где ставки акциза на КПГ- или СНГ-топливо ниже минимального уровня налогообложения, принятого в ЕС. В некоторых странах (например, в Италии) благодаря низким ставкам акциза, КПГ- и СНГ-топливо стоят в два раза дешевле дизельного топлива. Такая политика поддержки действует и сейчас, несмотря на сокращение внутренней добычи сопутствующего природного газа в ЕС и растущую зависимость – аналогично Молдове и Кыргызстану – от импорта энергоносителей из Российской Федерации и Казахстана[2] (T&E, 2018[1]).

Следовательно, правительства стран-партнеров могут рассмотреть возможность введения целевых налоговых льгот, включая льготы по налогу на добавленную стоимость и налогу на импорт, для КПГ- и СНГ-транспорта, а также для владельцев станций заправки КПГ- и СНГ-топливом. В случае с Казахстаном данная рекомендация содержится в исследовании, проведенном в рамках Программы развития Организации Объединенных Наций (UNDP, 2015[2]). Такие фискальные меры можно применять в качестве вспомогательного механизма государственной поддержки в дополнение к субсидиям, кредитам или гарантиям по кредитам, предоставляемым правительством, вплоть до момента достижения критической массы и обеспечения прибыльности системы.

К примеру, в 2018 году Польша отменила акцизы на КПГ- и СПГ-топливо одновременно с повышением акцизов на другие виды топлива, включая дизельное топливо. Это станет дополнительным стимулом к переходу на использование экологически чистого топлива.

Усилить поддержку производителей экологически чистых автобусов

В Казахстане производится ограниченное количество автобусов (в городах Костанай и Семипалатинск), однако производители автобусов не имеют стимулов к внедрению экологически чистых двигателей. Казахстан располагает большими запасами природного газа и мог бы способствовать развитию местного производства экологически чистых двигателей, что в свою очередь будет стимулировать переход на использование экологически чистого топлива. Данная программа ориентирована на операторов общественного транспорта. Однако другая программа может быть направлена на стимулирование производства и закупку энергоэффективных автобусов, работающих на альтернативных видах топлива (КПГ, СНГ) с более низким уровнем выбросов CO_2.

В Молдове на территории Кишинева производится небольшое количество троллейбусов (узловая сборка троллейбусов, разработанных белорусским предприятием «Белкоммунмаш»). Принимая во внимание ограниченный спрос на троллейбусы в Молдове (Кишинев и Бельцы), местное производство можно расширить за счет выпуска других видов экологически чистого транспорта. Результаты анализа свидетельствуют о том, что даже узловая сборка позволяет добиться значительного удешевления стоимости закупок по сравнению с импортом полностью укомплектованных автобусов. В данном расчете учитываются как цены на новые автомобили, так и социально-экономические выгоды, связанные с запуском производства или узловой сборки в стране.

В Кыргызской Республике отсутствует развитое производство автомобилей и автобусов. Однако в настоящий момент несколько производственных проектов находятся на стадии реализации. Например, к концу 2018 года должно было начаться производство автобусов ISUZU и легковых автомобилей RAVON. В городе Ош уже существует производственная зона, где на начальном этапе будет налажена массовая сборка разных марок автомобилей RAVON. В Бишкеке также планируется запуск производства автобусов SamAvto в партнерстве с японской компанией ISUZU (Trend, 2017[3]).

В Австрии, Польше и Чехии производители автобусов, работающих на альтернативных видах топлива, не имеют очевидной поддержки со стороны государства, однако существуют различные программы оказания помощи в области исследований и разработок. Производители автобусов могут использовать такие программы для совместного финансирования собственных исследований по внедрению инновационных автобусов и, в первую очередь, так называемых транспортных средств с низким уровнем вредных выбросов.

Внести коррективы в систему пассажирских тарифов для городского общественного транспорта

Пассажирские тарифы должны быть приведены в соответствие с международными стандартами и нацелены на достижение максимально высокого уровня социального благополучия как для пассажиров, так и для поставщиков услуг общественного транспорта с учетом ограничения максимальной загрузки и бюджетных ограничений.

Выгоду поставщиков услуг общественного транспорта можно определить как доходы за вычетом расходов. Выгоду получателя таких услуг можно представить в виде следующей формулы: максимальная обобщенная цена, которую граждане готовы заплатить за проезд в общественном транспорте, прежде чем перейти на использование альтернативных видов транспорта, за вычетом фактической обобщенной стоимости билета на проезд (Вставка 4.1). До известной степени, между выгодой поставщика и выгодой получателя услуг может наблюдаться отрицательная корреляция.

Учитывая текущее экономическое и финансовое положение поставщиков услуг общественного транспорта в Казахстане, Молдове и Кыргызстане, основное внимание следует уделить выгоде поставщиков. Выгода получателя должна быть сведена к минимуму близкому к нулю, насколько это возможно. Как правило, микроавтобусы как вид общественного транспорта используются частными предприятиями, а троллейбусные и автобусные перевозки обеспечивают муниципальные власти. Частные компании занимаются пассажирскими перевозками с целью получения прибыли, поэтому пассажирские тарифы должны покрывать их капитальные и эксплуатационные расходы.

Однако действующие тарифы на пассажирские перевозки слишком низкие. В настоящий момент стандартная стоимость проезда в общественном транспорте Молдовы составляет от 0.11 до 0.15 евро за поездку (Кишинев и Бельцы), в Казахстане – 0.18-0.20 евро за поездку (Костанай и Шымкент), а в Кыргызстане – 0.09-0.15 евро за поездку (Бишкек и Ош). Для сравнения стоимость разового билета на проезд в Польше или Чешской Республике составляет около 1-1.20 евро, а в Австрии – 1.80 евро. Более чем десятикратную разницу в стоимости билетов, в некоторых случаях доходящую до двадцатикратной, невозможно оправдать разницей в покупательной способности граждан.

Как следствие, частные перевозчики предоставляют услуги довольно низкого качества. Они отдают предпочтение старым автобусам с целью минимизировать капитальные издержки и амортизацию.

Вставка 4.1. Предлагаемая модель анализа чувствительности

Анализ чувствительности позволяет определить, сколько новых автобусов или троллейбусов можно купить за счет увеличения пассажирских тарифов на 10 тенге в Казахстане (0.03 доллара США), на 2 сома в Кыргызстане (0.03 доллара США) или на 2 лея в Молдове (0.11 доллара США). Результаты анализа могут дать полезную информацию.

Как правило, анализ чувствительности должен учитывать то, что повышение цен на билеты может лишить граждан желания пользоваться услугами общественного транспорта. Например, это может заставить их перейти на использование частных автомобилей, что, в свою очередь, может привести к повышению уровня загрязнения воздуха. С экономической точки зрения, увеличение платы за проезд в общественном транспорте приводит к усилению причинно-следственной связи с высокой эластичностью спроса по цене. Другими словами, повышение цены ведет к снижению спроса на данную услугу.

Поэтому для достижения желаемого экологического эффекта нельзя допускать, чтобы частный автотранспорт использовался в качестве заменителя общественного транспорта. Кроме того, анализ чувствительности должен учитывать местные особенности такие, как протяженность маршрутов и пассажиропоток. Для проведения данного анализа необходимо собрать большой объем дополнительных данных, а также провести дискуссии с представителями правительства и муниципальных властей. Анализ чувствительности выходит за рамки данного исследования, но его все же следует провести.

Очевидно, что действующие пассажирские тарифы необходимо пересмотреть в сторону увеличения, и, теоретически, это поможет обеспечить совместное финансирование Программы ЭЧОТ. Вышеупомянутые тарифы в целевых странах крайне низкие и неспособны гарантировать возврат кредитов, которые в будущем могут быть выданы автобусным или троллейбусным перевозчикам. Таким образом, при сохранении действующих тарифов над программой и государственным бюджетом нависнет угроза дефолта по причине финансовой несостоятельности операторов общественного транспорта, которые будут вынуждены обратиться за получением кредитных гарантий. Это приведет к значительному увеличению фактических затрат на программу.

Помимо стоимости разовых билетов, следует также пересмотреть цены на проездные абонементы. Как правило, проездной абонемент является предпочтительным вариантом для пассажиров, не владеющих собственным автомобилем, и поэтому они менее чувствительны к изменению цен. С другой стороны, не владеющие собственным автомобилем граждане развивающихся стран, как правило, относятся к группам населения с более низкими доходами по сравнению с не владеющими автомобилем гражданами развитых стран[3].

Помимо тарифной системы необходимо также усовершенствовать систему оплаты за проезд. Внедрение системы «оплаты при выходе» позволяет значительно увеличить продолжительность поездок на автобусах и троллейбусах. По состоянию на сегодняшний день, электронные платежные системы уже протестированы, но не введены в эксплуатацию. Вышеупомянутые изменения в системе пассажирских тарифов в сочетании с внедрением интеллектуальных светофоров и выделенных полос для автобусов позволят улучшить качество управления сектором общественного автотранспорта в трех целевых странах.

В 2016 году по данным вопросам проводились дискуссии с участием ПРООН и некоторых акиматов. Участники дискуссий приняли совместное решение о необходимости внесения поправок в соответствующее законодательство.

Улучшить взаимодействие между министерствами в процессе осуществления транспортной стратегии

Для адекватного решения проблем в области охраны окружающей среды и общественного здравоохранения путем инвестирования средств в экологически чистые технологии для городского общественного транспорта необходимо наладить эффективное межминистерское сотрудничество. Опыт реализации других проектов свидетельствует о том, что налаживание межведомственного сотрудничества может оказаться сложной задачей. Однако вовлечение сразу нескольких министерств – транспорта (инфраструктуры), экономики (инвестиций), энергетики и окружающей среды – в процесс управления программой увеличивает шансы на успех.

Проблема охраны окружающей среды в настоящий момент не относится к числу приоритетных направлений транспортной политики. Одним из способов повышения значимости данной проблемы является внесение четких экологических показателей (например, показателей качества воздуха) в документы, касающиеся транспортной стратегии и политики. Налаживание более эффективного сотрудничества также позволит улучшить процесс сбора и доступность данных по городскому транспорту, которые можно будет использовать при анализе транспортной политики.

Часть этих данных таких, как дезагрегированные данные о возрасте автобусного парка и видах топлива, разбросана по разным регионам, районам, муниципалитетам, и не собирается централизовано на национальном уровне. В отсутствие этих данных правительству сложно сформировать полное представление о проблеме, что являет собой препятствие для разработки транспортной политики и достижения прогресса в развитии экологически чистого транспорта. Министерство финансов и Министерство экономики могли бы обеспечить наличие такой информации на национальном уровне, а также оказать поддержку в реализации программы. Это поспособствует развитию низкоуглеродной мобильности в целевых странах, а также повысит значимость проблемы охраны природы и климата при разработке транспортной политики.

В Казахстане, помимо Министерства энергетики, Министерство индустрии и инфраструктурного развития (в частности, находящийся в его подчинении Транспортный комитет) также играет важную роль в этом процессе. В Молдове Министерство сельского хозяйства, регионального развития и окружающей среды несет ответственность за осуществление программ «зеленых» инвестиций. Однако Программа ЭЧОТ также представляет интерес для нескольких других министерств, таких как Министерство экономики и инфраструктуры, созданное за счет поглощения бывшего Министерства экономики, Министерство транспорта и дорожной инфраструктуры и Министерство информационных технологий и связи. Состоявшееся в июле 2017 г. объединение министерств должно улучшить координацию действий в случае совместной реализации Программы ЭЧОТ. В Кыргызстане Министерство экономики может извлечь выгоду из более тесного сотрудничества с другими министерствами. В частности, Министерство финансов могло бы помочь мобилизовать имеющиеся в наличии ресурсы и найти источники внешнего финансирования для достижения низкоуглеродной мобильности в стране.

Чешская Республика добилась примечательных результатов в вопросе продвижения экологически чистого транспорта, тем самым доказав важность хорошо отлаженного взаимодействия. Полномочия исполнителя программы были распределены между Министерством транспорта, Министерством охраны окружающей среды, Национальным фондом охраны окружающей среды, Министерством регионального развития, местными учреждениями в регионах и городскими властями Праги.

Внести изменения в процедуру открытых тендеров на услуги городского общественного транспорта

При заключении среднесрочных и долгосрочных контрактов на срок не менее десяти лет перевозчики получат стимул к инвестированию средств в современный общественный транспорт. Это особенно верно в том случае, если эти контракты будут подкреплены скорректированной системой пассажирских тарифов, усовершенствованным нормативно-правовым регулированием и финансовой поддержкой со стороны государства.

В настоящее время с частными и муниципальными операторами городского общественного транспорта заключаются краткосрочные контракты. В Молдове срок действия таких контрактов составляет 1-3 года, в Казахстане – 3-5 лет, в Кыргызстане – 5 лет для компаний, занимающихся пассажирскими перевозками.

Такой подход стимулирует краткосрочное планирование. Транспортные операторы минимизируют свои капиталовложения для получения быстрого инвестиционного дохода. В Молдове широко распространена практика продления старых контрактов без проведения тендеров. В результате, перевозчики отдают предпочтение более дешевым и более старым автобусам с более высоким уровнем вредных выбросов.

В настоящий момент ПРООН и Европейский банк реконструкции и развития занимаются устранением некоторых из основных недостатков открытых тендерных процедур в Казахстане.

Стимулировать внедрение энергоэффективных технологий в общественном транспорте

Микроавтобусы преобладают в системах общественного транспорта большинства постсоветских стран. Как правило, они эксплуатируются частными компаниями или предпринимателями. В то же время, рейсовые автобусы обслуживают лишь небольшое количество городских и междугородних маршрутов. Хотя микроавтобусы необходимы для покрытия текущего дефицита общественного транспорта, в целом они уступают по показателю энергоемкости (мегаджоуль/пассажиро-километр) рейсовым автобусам. Пилотные города планируют заменить микроавтобусы на современные транспортные средства большой пассажировместимости (в основном, троллейбусы и КПГ-автобусы), способные перевозить в пять раз больше пассажиров.

Инвестиции в развитие общественного транспорта экономически нецелесообразны в условиях постоянных дорожных заторов. Экономии времени, затрачиваемого на поездку и соответствующей экономии затрат на топливо, можно добиться за счет повышения эффективности эксплуатации общественного транспорта. Например, внедрение выделенных полос для движения автобусов уменьшает потребность в применении неэффективного механического торможения. В школах для водителей автобусов можно вводить и популяризировать курсы эковождения, то есть техники вождения, позволяющей снизить расход топлива.

Свежим примером вышесказанного является «автономная» троллейбусная линия, проложенная от центра Кишинева до Международного аэропорта летом 2017 года. Новость об открытии троллейбусного маршрута до аэропорта получила наибольшую огласку, хотя в то же время городские власти открыли еще один беспроводной троллейбусный маршрут из пригорода Ватра до центра Кишинева (Vlas, 2017[4]). Однако стоимость проезда на данном маршруте такая же, как и на всех других троллейбусных маршрутах – 2 молдавских лея за одну поездку.

В 2013 году городские власти Алматы в рамках проекта «Устойчивый транспорт города Алматы», финансируемого Глобальным экологическим фондом (ПРООН-ГЭФ), разработали и утвердили Стратегию устойчивого развития транспорта г. Алматы на 2013-2023 гг. (Almaty, 2013[5]). Перечень мер по устойчивому развитию транспорта, предусмотренных проектом, включает в себя стимулирование велоспорта, в том числе проведение ежегодных велогонок для детей и обучение в школе велосипедного спорта. В 2014 году мэр Алматы рассмотрел и одобрил проекты по строительству скоростной линии для автобусов (BRT) и новой велодорожки.

В марте-апреле 2018 года на троллейбусных маршрутах № 11 и № 14 в столице Кыргызстана проводилась специальная кампания по привлечению новых пассажиров. Владельцам смартфонов, использующим приложение Balance.kg, предлагалась возможность приобрести проездной билет по специальному тарифу – 1 кыргызский сом. Эта кампания была совместной инициативой оператора мобильной связи «Beeline» и мэрии Бишкека. На практике оказалось, что данный механизм оплаты имеет ряд недостатков и требует дальнейшего усовершенствования.

Выводы

Программа ЭЧОТ направлена на модернизацию автобусного парка в трех целевых странах, а также на снижение уровня загрязнения воздуха и сокращение выбросов парниковых газов. Улучшенная нормативная база и финансовая поддержка со стороны государства сами по себе не гарантируют достижения желаемых результатов. Сочетание этих двух факторов дает больше шансов на успех.

Планирование должно выходить за рамки краткосрочной перспективы. В случае заключения среднесрочных и долгосрочных контрактов на срок не менее десяти лет перевозчики получат стимул к инвестированию средств в современный общественный транспорт. У них появится еще больше стимулов для инвестиций при условии, что эти контракты будут подкреплены скорректированной системой пассажирских тарифов, усовершенствованным нормативно-правовым регулированием и финансовой поддержкой со стороны государства.

Важно отметить, что учреждения-исполнители программы государственных инвестиций, то есть руководство и надзорный орган, должны быть надежно защищены от политического давления. Требование о защите следует четко прописать в действующих правилах и процедурах таких, как лицензирование маршрутов общественного транспорта. Национальные правительства также должны стремиться устранить политические и регуляторные барьеры, которые могут помешать реализации Программы ЭЧОТ. Анализ опыта других стран поможет составить контрольный список подходов и мер по решению данных проблем.

Искаженная логика действующих правил и процедур стала причиной фрагментации рынка автобусных перевозок и доминирования на нем малых компаний (предпринимателей) с ограниченной кредитоспособностью. В сложившихся обстоятельствах транспортный сектор является малопривлекательным для международных финансовых организаций таких, как ЕБРР. Устранение вышеупомянутых барьеров является ключом к успешной реализации программы, но необязательно браться за все сразу. Более того, некоторые барьеры являются взаимозаменяемыми. Например, улучшенная система тарифов и долгосрочные контракты способствуют повышению уровня кредитоспособности. Однако существуют и другие способы достижения этой цели, например, предоставление кредитных гарантий или более высокий уровень государственной поддержки в рамках Программы ЭЧОТ.

Многоуровневая институциональная и организационная структура, применяемая целевыми странами в транспортном секторе, вполне функциональна. Однако государственные органы должны применить единый подход к решению проблемы вредных выбросов в атмосферу, включая выбросы автотранспорта, и улучшить координацию (первоочередных) действий как по горизонтали, так и по вертикали. Четко определенные приоритеты и скоординированные действия позволяют повысить эффективность расходования государственных средств.

Ссылки

Almaty (2013), *City of Almaty Sustainable Transport Strategy 2013-2023 (in Russian)*, Akimat of Almaty, http://alatransit.kz/ru/content/strategiya-ustoychivogo-transporta-galmaty. [5]

EC (2018), *EU Energy in Figures: Statistical Pocketbook 2018*, European Commission, Brussels, https://publications.europa.eu/en/publication-detail/-/publication/99fc30eb-c06d-11e8-9893-01aa75ed71a1/language-en/format-PDF/source-79929745. [6]

T&E (2018), *CNG and LNG for vehicles and ships – the facts*, European Federation for Transport and Environment, Brussels, http://www.transportenvironment.org/sites/te/files/publications/2018_10_TE_CNG_and_LNG_for_vehicles_and_ships_the_facts_EN.pdf. [1]

Trend (2017), "Production of UzAvtoprom cars in Kyrgyzstan will begin till the end of 2018", *Trend News Agency*, https://en.trend.az/casia/2840029.html (дата просмотра 30 августа 2017 года). [3]

UNDP (2015), *Energy Efficiency in Transport Sector of the Republic of Kazakhstan: Current Status and Measures for Improvement*, UNDP, http://alatransit.kz/sites/default/files/energy_efficiency_in_transport_sector_of_the_republic_of_kazakhstan.pdf. [2]

Vlas, C. (2017), *New (wireless) trolleybus route from Chisinau Centre to Chisinau International Airport for only 2 lei*, News portal Moldova.org, http://www.moldova.org/en/new-wireless-trolleybus-route-chisinau-centre-chisinau-international-airport-2-lei (дата просмотра 18 июля 2017 года). [4]

Примечания

1. Благодаря дешевому электричеству электромобили имеют преимущество перед транспортными средствами, работающими на более чистых ископаемых видах топлива.

2. В 2016 году Европейский союз импортировал 86.7% от общего объема потребляемых нефтепродуктов и 70.4% от общего объема потребляемого природного газа. Степень энергетической зависимости ЕС от поставок природного газа не намного ниже степени его зависимости от поставок нефти. Наиболее красноречивым свидетельством вышесказанного является то, что доля России в общем объеме импорта природного газа (39.9%) больше, чем ее же доля в общем объеме импорта нефти (31.6%) (ЕС, 2018[6]).

3. Принято считать, что система пассажирских тарифов, основанная на разовых билетах и месячных абонементах, ориентирована на перевозчиков, а система тарифов, где стоимость проезда зависит от дальности поездки, является более ориентированной на пассажиров и более сложной для перевозчика с технической точки зрения. Как правило, система тарифов, основанная на разовых билетах и месячных абонементах, является более привлекательной для пассажиров, путешествующих на большие расстояния, а система тарифов с привязкой к дальности поездки, является наиболее предпочтительным вариантом для пассажиров, путешествующих на короткие расстояния. Благодаря применению системы тарифов с привязкой к дальности поездки перевозчик получает возможность собирать данные о количестве поездок по маршруту, совершаемых за определенный период времени, а также данные о средней дальности поездки по маршруту, совершаемой пассажиром за определенный период времени. Данная информация может оказаться полезной для принятия более рациональных управленческих решений.

www.ingramcontent.com/pod-product-compliance
Lightning Source LLC
LaVergne TN
LVHW081415110826
845149LV00010B/1756